马克思恩格斯劳动观整体研究

陈改桃 / 著

吉林大学出版社
·长春·

图书在版编目（CIP）数据

马克思恩格斯劳动观整体研究 / 陈改桃著. —— 长春：吉林大学出版社，2021.12
ISBN 978-7-5692-9359-3

Ⅰ.①马… Ⅱ.①陈… Ⅲ.①马克思主义–劳动价值论–研究 Ⅳ.①A811.66

中国版本图书馆CIP数据核字(2021)第229642号

书　　名：	马克思恩格斯劳动观整体研究
	MAKESI ENGESI LAODONGGUAN ZHENGTI YANJIU
作　　者：	陈改桃　著
策划编辑：	张宏亮
责任编辑：	田茂生
责任校对：	甄志忠
装帧设计：	雅硕图文
出版发行：	吉林大学出版社
社　　址：	长春市人民大街4059号
邮政编码：	130021
发行电话：	0431-89580028/29/21
网　　址：	http://www.jlup.com.cn
电子邮箱：	jldxcbs@sina.com
印　　刷：	长春市中海彩印厂
开　　本：	787mm×1092mm　1/16
印　　张：	12
字　　数：	180千字
版　　次：	2023年8月　第1版
印　　次：	2023年8月　第1次
书　　号：	ISBN 978-7-5692-9359-3
定　　价：	78.00元

版权所有　翻印必究

前　言

以马克思恩格斯劳动观为研究对象，以马克思主义理论整体性为研究指向，以马克思的"两大发现"为参照，依据马克思恩格斯思想发展的内在理路，即可以把他们的劳动观分为"两大发现"之前、唯物史观创立阶段、剩余价值理论创立阶段和体系化阶段等四个时期。与此相适应，马克思恩格斯劳动观的演化发展相应体现为异化劳动、物质生产劳动、雇佣劳动以及自由劳动四个核心范畴。

"两大发现"之前的异化劳动观，以基于人本主义的自由劳动范畴这一价值悬设为其理论出发点，虽然包含有一系列的合理性思想，但实质上是一种隐性的唯心史观。为此，我们以马克思恩格斯劳动观发展的后三个时期的核心范畴：物质生产劳动、雇佣劳动和自由劳动作为行文的逻辑线索，分析马克思恩格斯劳动观在马克思恩格斯的哲学新发现、资本形式的历史总批判以及无产阶级解放的历史总归前景中的基础性地位和作用，进而从马克思恩格斯劳动观的内在整体关联中透视马克思主义的理论整体性。

马克思恩格斯在批判地吸取费尔巴哈感性对象性和黑格尔概念能动性的基础上，创造性地提出"感性的人的活动""对象性的活动"即"实践"概念。感性的人的对象性活动就是物质生产劳动。通过对象性的物质生产活动，人和自然、人和人以及人和自身之间形成复合性的"自然—社会—思维"关系系统。人和自然之间的关系不再是原发的自然性关系，而是衍化为以物质生产劳动为中介的历史性、社会性的自然关系。我们周围的自然便不再是既成的自在自然，而是体现了人的物质生产劳动目的性的人化自然。人与人之间的社会关系也不再是与自然无关的单纯历史事件，而是在改变自然物质生活条件的客观物质生产劳动活动中，找到了社会历史发展演变的"钥匙"。历史的自然和自然的历史共同组成人类历史。同时，在物质生产劳动的基础上，人与自然以及人与人之间的关系在人头脑中的反响，形成人的精神世界。以对象性的物质生产劳动为基础和中介，把人与自然之间的关系纳入社会历史领域，同时形成的唯物辩证的自然观和唯物辩证的历史观的有机统一整体，就是马克思恩格斯的哲学新世界观——唯物主义历史观（广义上的）。因此，历史唯物主义的形成是一种基于对象性的物质生产劳动的人与自然、人与人以及人与自身之间关系的"格式塔"式的整体转换，而不是简单地把自然领域中的一般唯物主义思想推广或延伸到社会历史领域。

雇佣劳动是物质生产劳动在具有资本性质的商品生产条件下的具体表现形式，也是物质生产劳动的交换价值表现形式。雇佣劳动内在地包含在资本的概念中，劳动力成为商品，劳动成为雇佣劳动，这是资本生产的前提。商品形式、货币形式和资本形式是商品经济形态下劳动产品的价值表现形式。其中，商品形式是最为基本的表现形式。随着社会分工和交换的进一步发展，商品的交换价值外在化、独立化为货币。商品二要素的内在矛盾外在化为商品和货币的直接对立。随着商品生产和商品交换的进一步发展，社会赋予货币的权力也进一步增大。货币成为一般商品。在商品生产和商品交换的冲击和影响下，劳动者自然形成的社会共同体解体，劳动者和劳动条件相分离，劳动能力成为自由的一无所有的劳动者的唯一所有物，劳动力成为商品。物质生产劳动成为资本雇佣下的雇佣劳动。商品生产普遍化，商品生产发展到完成形态，即具有资本性质的商品生产。货币转化为资本。资本成为能够实现增殖的价值，即能够带来剩余价值的价值。

商品生产是资本生产的历史前提和现实基础，商品生产的特点必然内在地包含在资本生产中。私人劳动和社会劳动之间的矛盾是私有制基础上商品经济的基本矛盾，商品交换是解决这一矛盾的具体途径。商品交换实质上是具体劳动还原为抽象劳动。这一还原的实现，需要把商品内在包含的二要素之间，即使用价值和交换价值之间的二重矛盾普遍化，即交换价值外在化、独立化。一言之，把商品变成交换价值，把交换价值变成货币。货币作为商品交换的一般等价物，社会劳动是其背后的价值实体。当作为货币的货币与作为交换价值的劳动力相交换，并把它用于生产领域的时候，货币转化为资本，劳动力成为商品，劳动成为雇佣劳动。资本无偿占有雇佣劳动的剩余价值，成为资本生产的目的。人类社会的物质生产活动开启了资本追逐剩余价值的"新时代"。

与商品生产相伴随，商品世界具有的拜物教性质，就是商品拜物教。在商品生产和交换中，从本质上看，劳动产品必须以交换价值的形式存在，个人具体的特殊性劳动必须以一般性的抽象劳动加以计量，劳动产品以及生产产品的劳动本身的自然规定均被社会规定掩盖、遮蔽甚至抹杀；从现象上看，劳动及其产品的社会属性披上了劳动及其产品自然属性的外衣。马克思把商品世界中存在的这种物象或幻象称为商品拜物教。与商品拜物教一样，货币拜物教和资本拜物教也是在商品生产和货币流通中形成的一种社会关系物化的假象，即社会关系的物质承担者披上了社会关系的外衣，甚至直接把这种社会生产关系变成物的自然属性，以至于自然物拥有了支配和统治社会关系主体的神秘能力。因此，在资本主义商品生产条件下，从商品拜物教、货币拜物教到资本拜物教的发展，雇佣劳动者阶级作为价值创造的劳动主体地位被商品、货币、资本等物化劳动重重遮蔽，资本自我运动、自行增殖的假象掩盖了资本家阶级剥削雇佣劳动者阶级剩余劳动的资本主义生产本质，掩盖了资本家阶级无偿占有雇佣工人阶级剩余价值的真正来源。

废除资本主义雇佣劳动制度，实现劳动解放，使劳动重新回归人之为人的生命本质——自由劳动，是人类劳动的必然走向；推翻资产阶级统治，实现无产阶级解放，使无产阶级脱离物化的、异化的生存状态，建立自由人的联合体，使劳动主体成为自由而全面发展的个人，是无产阶级的历史总归宿；无产阶级政党——共产党领导下的无产阶级政治革命则是完成这一历史性转变的必由之路。

目　录

一、综述 ··· 1
　（一）选题 ·· 1
　（二）所涉及的研究对象（范围）及其界定 ·················· 3
　（三）研究现状 ··· 7
　（四）劳动与马克思主义理论整体性内在关联的经典阐述 ·········· 15
　（五）研究方法 ·· 17
　（六）拟完成的知识创新 ·· 19

二、马克思恩格斯劳动观的形成与确立 ··························· 20
　（一）马克思恩格斯劳动观的理论来源 ························ 20
　（二）马克思恩格斯劳动观的发展历程 ························ 37
　（三）马克思恩格斯劳动观的主要内容 ························ 60

三、基于物质生产劳动的哲学新发现 ······························ 75
　（一）马克思恩格斯自然观新发现 ······························ 75
　（二）马克思恩格斯社会观新发现 ······························ 88
　（三）马克思恩格斯思维观新发现 ······························ 106
　（四）物质生产劳动与唯物史观新发现 ······················· 113

四、基于雇佣劳动的资本形式历史总批判 ·················· 118
　（一）抽象劳动与商品 ······································· 119
　（二）社会劳动与货币 ······································· 127
　（三）雇佣劳动与资本 ······································· 136
　（四）雇佣劳动与剩余价值理论新发现 ······················ 145

五、基于自由劳动的无产阶级解放总前景 ·················· 151
　（一）劳动解放的本质 ······································· 151
　（二）劳动解放的基本形式 ··································· 157
　（三）劳动解放的社会载体 ··································· 164
　（四）自由劳动与共产主义社会的内在关联 ·················· 169

六、结语 ·· 173

主要参考文献 ··· 177

致谢 ·· 181

一、综　述

（一）选题

本书以马克思恩格斯劳动观整体为研究对象，以马克思主义理论整体性为研究指向，以马克思的两大发现为参照，以物质生产劳动、雇佣劳动和自由劳动为核心范畴，沿着马克思恩格斯劳动观在马克思主义哲学总变革、资本总批判以及无产阶级解放的历史总归宿中的基础性地位和作用为思路开展研究。

1. 选题的背景、缘由和意义

（1）选题背景和缘由

首先，从整体研究马克思恩格斯劳动观的角度，切入研究马克思主义理论整体性，对于消解各种非马克思主义或反马克思主义的错误言论可以起到积极作用。马克思主义产生之后，各种反马克思主义的声音甚嚣尘上。尤其是20世纪20年代以来，为反对第二国际以考茨基为代表的僵化马克思主义（"经济决定论"）和苏联"正统马克思主义"，西方马克思主义打着"回到马克思"的口号，从各自的理论"前识"出发，演绎出以卢卡奇、弗罗姆、萨特等为代表的人本主义的马克思主义，以及以阿尔都塞为代表的科学主义的马克思主义。其中，卢卡奇（S.L.G.Bernát）提出要从"总体性"的角度理解马克思，首次提出了马克思主义的总体性（整体性）问题，阿尔都塞（L.Althusser）提出要从"总问题"的角度把握马克思主义，但两位思想家都未能真正从整体性或"总问题"的角度准确把握马克思主义，却开启了人道主义的"青年马克思"和科学主义的"老年马克思""两个马克思"的对立。冷战结束后，以诺曼·莱文（N.Levine）为代表的"马恩对立论"，以及以消费主义思想著称的后现代思想家鲍德里亚（J.Baudrillad）的马克思主义过时论，等等，都是对马克思主义的曲解，甚至"肢解"或否定。

其次，从马克思恩格斯劳动观整体的角度研究马克思主义理论整体性，有助于帮助青年大学生从整体性的角度认识和理解马克思主义，提升他们对马克思主义的认同度和信仰。当前，部分青年大学生不能真正认同、信仰马克思主义，根本原因就在于他们没有以科学的态度对待马克思主义，没有完整、准确地理解马克思主义，进而对马克思主义产生种种误解、曲解。

在马克思主义面临各种挑战的背景下，对马克思主义整体性的深入研究是马克思主义"解忧脱困"的关键。

（2）选题意义

①理论研究意义：本书以马克思恩格斯劳动观的整体研究为切入点，从科学性和价值性、理论和实践相统一的角度解读马克思主义理论整体性，在一定程度上可以拓展对这一问题的研究深度，进而回应西方马克思主义对马克思主义的片面曲解和"肢解"。马克思主义理论整体性问题是近十年来理论界研究的热点问题，但研究的深度需要进一步拓展。近年来学术界对马克思主义理论整体性的研究主要集中在定义界定、基本内容、建构过程、方法论等几个方面。马克思主义理论体系三个基本组成部分之间内在的整体性本质，也日渐成为重要的研究问题，但作为马克思主义理论的各个组成部分如何内在地联结为一个有机整体？各个不同的组成部分又是通过怎样的逻辑中

介联系起来？这些问题如果不解决，马克思主义理论作为体系的完整性问题便不可能得到解决。

②理论教育意义：本书的研究有利于从整体性的高度理解和讲授马克思主义基本原理，提升大学生对马克思主义理论的理性认知和情感认同。2005年12月，国务院学位委员会、教育部印发的《马克思主义理论一级学科及所属二级学科简介》，要求马克思主义学科研究既要分门别类地研究各具体学科，更要进行整体性研究。

（二）所涉及的研究对象（范围）及其界定

1. 马克思主义理论整体性

马克思主义的理论整体性是马克思恩格斯劳动观整体研究这一论题的研究指向。所谓整体性，是指系统的基本特性。系统则是指"处于相互作用中的各要素的集合"，是"相互作用着的若干要素组成的复合体"[1]。系统的整体性不仅强调系统内部要素之间的相互依存、相互制约，而且强调整体和要素相互之间的双向影响和制约。因此，系统整体性分析的主旨在于运用由系统整体与要素之间相互作用形成的系统整体之"共性"性质，"纵向地"贯穿于系统各要素之中，使系统各要素更接近系统整体的"统一"目标。唯其如此，系统的整体功能才可能大于各组成要素局部功能的简单相加之和。

马克思主义理论体系是一个由相互作用着的不同要素构成的系统整体。马克思主义哲学、政治经济学和科学社会主义是构成这一系统整体的三个基

---

[1] [美]冯·贝塔朗菲. 一般系统论基础发展和应用[M]. 林康义, 魏宏森, 译. 北京: 清华大学出版社, 1987: 35, 51.

本要素。马克思主义理论体系与组成它的三个基本要素之间的相互作用形成马克思主义理论体系的整体"共性"[1]，即马克思主义理论体系的整体性。从这一意义上讲，马克思主义的理论整体性既分别内在于马克思主义哲学、马克思主义政治经济学和科学社会主义各部分之中，又不仅仅局限于其中之一，也不能把这种整体性机械地理解为三种要素的简单相加。离开其中的任何一个以及它们相互作用形成的有机"共性"，马克思主义理论整体的存在都不再可能！

具体说来，这种整体性表现为：马克思主义哲学是整个马克思主义理论体系的世界观和方法论基础；马克思主义政治经济学既是在马克思主义哲学的一般世界观和方法论指导之下，对资本主义社会经济形态运行规律本质的科学揭示，也是马克思主义由哲学理论转变为科学理论的桥梁；科学社会主义则是在马克思主义哲学世界观和方法论的指导之下，在马克思主义政治经济学对资本主义内在矛盾运动科学分析的基础之上，对扬弃资本主义社会之后的未来社会发展趋势和发展目标的科学预测，也是指导无产阶级解放自己进而解放全人类的行动纲领。三个要素相互作用、相辅相成，理解马克思主义的理论整体性既不能离开它的三个组成部分，但也不能简单地等同并归结为这三个组成部分：既需要对三个组成部分分门别类地进行细化、深入研究，也要注意用马克思主义理论体系的基本立场、观点、方法统摄、规范与导向三个组成部分，二者不可偏废。只注意前者而放弃后者，必然弱化马克思主义学科的价值导向；只注意后者而弱化前者，则可能弱化马克思主义学

---

[1] 张雷声教授在《马克思主义理论整体性的研究视角》一文中曾强调：马克思主义理论整体性研究必须是建立在哲学、政治经济学、科学社会主义三大组成部分基础之上的。没有这三大组成部分为内容基础，整体性的马克思主义理论就是无源之水、无本之木。虽然这三大组成部分不是马克思主义理论所包含的全部内容，但却是最主要、最根本、最实质的内容，所以，它们应成为理解马克思主义整体性、构建马克思主义整体性的主体内容。见张雷声. 马克思主义理论整体性的研究视角[J]. 思想理论教育导刊，2010(05). ——笔者注

科本身的科学性质。[1]单纯强调马克思主义理论体系的整体性或者过分强调学科分界[2]，都不可能正确把握马克思主义理论体系整体性。学界对此已有共识。[3]

2. 马克思恩格斯的劳动观

马克思恩格斯的劳动观是本书的研究对象。马克思恩格斯的劳动观是马克思恩格斯理论体系实现革命性变革的理论基础。在以对象性活动作为本质的物质生产活动的基础上，唯物史观得以确立；在雇佣劳动的基础上，剩余价值理论得以形成；在自由劳动的基础上，无产阶级找到了自己的历史总归宿。

在马克思恩格斯的思想发展过程中，劳动范畴的内涵呈现为两种思想语境：其一为费尔巴哈人本主义视域下哲学人类学意义上的劳动，代表著作为《1844年经济学哲学手稿》；其二为唯物史观视域下的物质生产劳动，代表著作为《关于费尔巴哈的提纲》《德意志意识形态》《资本论》及其手稿、《反杜林论》以及《自然辩证法》等。其中，在具有资本性质的商品生产条件下，即在资本主义社会里，物质生产劳动具体表现为雇佣劳动；在共产主义社会里，物质生产劳动具体表现为自由劳动。本书把唯物史观语境下马克思恩格斯劳动观在不同发展阶段上的整体表现，作为解读马克思主义理论整体性的研究论域。

---

[1] 关于马克思主义理论体系包含的三个基本要素或组成部分之间不可分割的内在联系，参见陈先达. 论马克思主义基本原理及其当代价值[J]. 马克思主义研究, 2009(03).——笔者注

[2] 诚如孙正聿在《关于马克思主义创新的思考》一文中所表述的那样：马克思著作中的三个组成部分——哲学、政治经济学和科学社会主义，并不是作为三个不同的学科体系存在的，而是作为三大批判——哲学批判、政治经济学批判和空想社会主义批判所指向的"对现存的一切进行无情的批判"而存在的，见孙正聿. 关于马克思主义创新的思考[N]. 光明日报, 2009-05-19.——笔者注

[3] 参见顾钰民. 关于马克思主义理论整体性研究的思考[J]. 思想理论教育导刊, 2008(02)；张云飞. 理论和实践的统一：马克思主义整体性的内在机理和科学要求[J]. 思想理论教育导刊, 2008(05)；张雷声. 从整体性角度推进马克思主义大众化[J]. 学术界, 2010(06)等.——笔者注

与人本学话语下的异化劳动不同，唯物史观视域下的劳动不再是一种抽象的价值悬设，而是具有直接现实性、主体能动性和社会历史性的感性物质生产活动。这种物质生产活动既是人类社会存在和发展的永恒物质前提，也是充分体现劳动主体自主性、目的性的对象化活动，内在包含着对象化和非对象化、主体客体化和客体主体化双向互动的运动机制。从客体方面看，人类物质生产劳动的发展呈现为生产力（物质内容）和生产关系（社会形式）的矛盾发展史，人类社会史（以劳动为基础和中介连接的自然-社会史）呈现为原始社会、奴隶社会、封建社会、资本主义社会乃至共产主义社会的社会形态演变史，即"五形态说"。在这一意义上，恩格斯称"劳动发展史是理解社会发展史的钥匙"。从主体方面看，人类的劳动活动走过了前资本主义自然统治下的人对人的依赖（被动劳动）、资本主义社会资本统治下的以商品交换为中介的人对物的依赖阶段（雇佣劳动、异化劳动），走向自由、个性、全面发展的共产主义（自由劳动），即"三形态说"。"五形态说"是从生产关系尤其是生产资料所有制的角度，立足于人类社会存在和发展的前提——物质生产活动的内部矛盾运动，从物质生产活动的社会形式——生产关系运动变化的角度，探讨社会形态的变迁；"三形态说"是从社会历史主体发展的角度，立足于人本身的发展，从实现人的自由全面发展所经历的阶段，体味人类社会的发展历程。科学主义的马克思主义往往注重了生产关系角度的客体方面，忽视了社会历史发展的主体方面，人道主义的马克思主义则相反，偏重了社会历史发展的主体方面，却忽视了生产关系角度的客体方面。两者都各有不足。在劳动是主客体相统一的意义上，我们可以深刻理解马克思主义科学性和价值性相统一的特点，也可以深刻领会内含着科学精神和人文精神的马克思主义实践精神。

劳动发展史是理解人类社会发展史的钥匙。在劳动发展史上，劳动活动在物质性内容生产力和社会性形式生产关系内在矛盾的推动下，展开过程具体呈现为：劳动对象化—劳动分化（分工）—劳动异化—劳动社会化—劳动自主化。其中，劳动对象化是劳动的一般本质和最单纯的形态，也是原始社会劳动的表现形态，在一定程度上可以理解为劳动的一般状态；依据工具、对象、主体特点的区别而产生的劳动分化是生产劳动的历史存在形态；与劳动分化相伴随的是独立性和依赖性、私人性和社会性、脑力和体力等劳动本身性质的分裂。劳动性质的分裂又直接导致劳动的主体、过程乃至活动性质的异化，资本主义社会条件下的雇佣劳动是劳动异化的极端状态，现实的劳动被异化为抽象的劳动，即非主体的、非个人的、对性质漠不关心而仅仅由它的数量和时间来衡量的。伴随着劳动异化程度的加深，在劳动内部同时发展着扬弃劳动异化的条件，即劳动的社会化，尤其在劳动异化处于极端状态的资本主义社会内部，劳动的社会化——劳动过程、劳动生产力社会化程度大大提升，与生产资料的资本家私有所有制之间的矛盾日益尖锐化。劳动社会化为扬弃劳动异化准备物质前提的同时，也为劳动自主化开启了自由之门。

马克思主义哲学、政治经济学和科学社会主义的形成都与马克思恩格斯的劳动观有着内在的关联：物质生产劳动观的形成推动了马克思主义哲学世界观的形成；科学的劳动价值论和雇佣劳动观为剩余价值理论乃至马克思主义政治经济学的形成奠定了基础；马克思主义劳动观的体系化——"废除雇佣劳动"，走向自由劳动，彻底划清了科学社会主义与各种空想社会主义的界限。

（三）研究现状

1. 国内研究现状

与本书主题相关的国内研究现状涉及以下几方面。

（1）马克思主义理论整体性的实践解读框架

实践[1]观点是马克思主义的重要观点，实践精神是马克思主义的基本精神之一，实践思维是马克思主义用以把握对象世界的基本思维方式[2]。基于实践观点、实践精神和实践思维方式把握马克思主义理论整体性的实践解读框架，必然成为理解马克思主义理论整体性的思维框架。国内部分学者从实践解读框架出发，从不同的角度对于马克思主义理论整体性作了尝试和探索。

①实践总问题说。何怀远教授从历史发生学的角度指出，认识和改造资本主义社会、实现社会主义的现实实践是马克思主义的总问题，这一总问题也是统领哲学、经济学、政治学、历史学等马克思主义具体学科研究的根本目的，即元目的。马克思主义的总问题和元目的同样也是定位马克思主义理论具体学科研究对象和问题域的总纲。离开这一点，马克思主义理论具体学科的研究，可能会因为过于强调学科自身的独特性、纯粹性、学理性，从而迷失马克思主义学科研究的根本目的。[3]

---

[1] 劳动范畴和实践范畴，就其同是对人的改造自然、改造社会同时也改造人本身的社会活动的概括而言，两者是一致的。在《德意志意识形态》中，实践和劳动在相通的意义上使用，如"物质实践""感性劳动"等，但劳动和实践毕竟是有区别的。具体地说，马克思恩格斯主要是在与理论（认识）活动对立的意义上讲实践活动，在《关于费尔巴哈的提纲》中讲实践的唯物主义主要是针对费尔巴哈的直观的唯物主义，所以，对同一社会活动，实践范畴是从感性的、物质活动的角度来概括的；劳动范畴是从主体的生产活动这个角度来概括的，它指的是在生产中的创造和被创造、主动和受动的关系，或者说是指人把自己的劳动能力抽象出去，从而改造客体，满足需要的生产活动。见景天魁. 打开社会奥秘的钥匙——历史唯物主义逻辑结构初探[M]. 太原：山西人民出版社，1981：22-23.——笔者注

[2] "实践的唯物主义者"是马克思恩格斯对自己新世界观立场的定义，也是他们自认为与19世纪40年代"德意志意识形态"相区别的根本标志。"实践"观点成为、也是马克思恩格斯走出人本主义劳动观，确立新唯物主义历史观的关键环节。实践观点是马克思主义世界观的首要观点，理论界对此意见颇为一致。参见陈先达. 走向历史的深处——马克思历史观研究[M]. 北京：中国人民大学出版社，2010：202-207，212-229；张一兵. 马克思历史辩证法的主体向度[M]. 开封：河南人民出版社，1995：92-122；聂锦芳. 马克思的"新哲学"——原型与流变[M]. 北京：中国社会科学出版社，2013：179-187.——笔者注

[3] 何怀远. 马克思主义理论整体性的历史发生学解读[J]. 哲学研究，2006（06）：49-54.

②实践意图说。王南湜教授从马克思主义理论体系创立、形成的实践意图的角度指出：不论在初创早期，还是在形成、发展时期，马克思主义理论体系的不同组成部分之间均存在着内在的整体关联，只是整体性的表现形式不同罢了。而这种内在关联就是马克思主义理论体系的"实践意图"。与其他抽象解释世界的理论不同，马克思主义是一种具体指向改变世界的理论。这个具体的指向——"实践意图"就是实现共产主义实践的科学社会主义理论。初创早期，马克思主义理论的整体性多表现为哲学、政治经济学和共产主义理论三者的直接结合，其中，哲学居于支配地位；中后期则表现为各组成部分分化后的内在统一性，其中，政治经济学起着显著的作用；但这并不等于抛弃了哲学，而是将哲学作为方法论融入其他学科的研究之中，把早期三者之间直接、外在的统一性内部化，体系的内在整体性更为突显。因此，只有深入领会马克思恩格斯的内在理论意图，才能正确理解马克思主义理论的整体性。[1]

（2）马克思主义理论整体的逻辑起点

马克思主义理论体系整体是现实世界总体图景的在思维中的反映。所以，从性质上看，马克思主义理论体系整体是一个思想总体，是一个在实践总体的基础上从具体总体到思想总体的生成过程。从具体总体到思想总体需要一个逻辑中介，这个逻辑中介即理性抽象，起点范畴是从理性抽象到思想总体的逻辑起点。[2]国内学界对马克思主义理论体系逻辑起点的看法主要有以下两种。

①生产劳动

张云飞教授在《马克思总体性方法及其学科建设意义》一文中，依据马克思主义的文本系统，并综合学术界相关的学术成果，把生产劳动确立为马克思主义理论体系的起点范畴。该文指出，生产劳动是联结自然总体和社会总体的基础和中介；生产劳动也是唯物史观和剩余价值理论的基点。借助生

---

[1] 王南湜.从实践意图看马克思主义理论的整体性[J].南开学报（哲学社会科学版），2008（04）：7-9.
[2] 张云飞.马克思总体性方法及其学科建设意义[J].教学与研究，2008（07）：57-63.

产劳动，马克思的两大科学发现实现为一个理论总体。[1]

②现实的人

房广顺等著的《马克思主义整体性研究》一书中，依据《1844年经济学哲学手稿》[2]和《德意志意识形态》[3]的相关论述，把"现实的人"作为理解马克思主义的出发点[4]。

（3）马克思主义理论整体各组成部分之间的逻辑转化中介

逻辑转化中介是把马克思主义理论体系各组成部分联系起来，并显示各部分之间内在逻辑关联的中介性范畴。

---

[1] 江德兴,张国顺.实践范畴与马克思主义的总体逻辑[J].思想理论教育导刊,2008（02）：27–31.

[2] "整个所谓世界历史不外是人通过人的劳动而诞生的过程，是自然界对人来说的生成过程，所以关于他通过自身而诞生、关于它的形成过程，他有直观的、无可辨别的证明。"［德］卡·马克思.1844年经济学哲学手稿［M］//中共中央马克思恩格斯列宁斯大林著作编译局编译.马克思恩格斯全集（第3卷）.北京：人民出版社,2002：310.——笔者注

[3] "我们开始要谈的前提不是任意提出的，不是教条，而是一些只有在臆想中才能撇开的现实前提。这是一些现实的个人，是他们的活动和他们的物质生活条件，包括他们已有的和由他们自己的活动创造出来的物质生活条件。"见［德］卡·马克思,弗·恩格斯.德意志意识形态［M］//中共中央马克思恩格斯列宁斯大林著作编译局编译.马克思恩格斯文集（第1卷）.北京：人民出版社,2009：516.——笔者注

[4] 牛先锋教授在《马克思主义整体性的逻辑生成和逻辑体系》一文中认为，从事实际活动的人或现实的人是整个马克思主义理论体系的逻辑起点。他通过对《1844年经济学哲学手稿》《关于费尔巴哈的提纲》《德意志意识形态》《共产党宣言》《资本论》等马克思主义经典文本的考察，得出结论：马克思主义确实不是独立的哲学、政治经济学或者科学社会主义，其中每一部著作都体现了唯物史观分析问题的方法，而分析的问题恰好又是现实的社会经济关系,得出的结论是共产主义。这充分说明马克思主义是一个整体，不能人为地加以"肢解"，把马克思主义降低成独立的哲学、政治经济学或科学社会主义学科。故而，把异化劳动、社会实践、唯物史观、阶级斗争、资本等重要概念看作整体性的马克思主义研究的逻辑起点概念就显得过于偏狭了。在他看来，人是马克思主义的最高命题。研究现实的人是马克思主义理论体系的逻辑起点，对人的解放条件、解放进程的研究是其逻辑展开，实现人的自由和全面的发展是其逻辑结果。这样，由逻辑起点、逻辑线索和逻辑结果组成的逻辑严密的理论体系，就是整体性意义上的马克思主义或马克思主义的整体性。见牛先锋.马克思主义整体性的逻辑生成和逻辑体系[J].中共中央党校学报,2011（12）；王贵明.马克思主义整体性的几个基本问题[J].探索,2001（03）；郑丽娟.马克思主义理论整体性的逻辑路向与运演[J].内蒙古社会科学,2012（07）等文，均把现实的人作为马克思主义逻辑整体的起点——笔者注

①物质生产活动—生产的社会性—权力

江德兴、张国顺在《实践范畴与马克思主义的总体逻辑》一文中认为，实践作为马克思主义的总体性范畴，是马克思主义理论内在逻辑的基础。实践范畴在哲学层面具体体现为物质生产活动范畴；生产社会性范畴是由哲学领域的实践范畴向马克思主义政治经济学领域转化的中介范畴；权力范畴则是由政治经济学领域向科学社会主义领域转化的逻辑中介。马克思主义是一个完整的理论体系，实践范畴是其逻辑起点和逻辑线索，物质生产活动、生产社会性和权力等为中介范畴。[1]

②实践—劳动—无产阶级革命

郭小香在《基于实践范畴的马克思主义整体性解读》一文中认为，实践范畴是马克思主义理论的逻辑起点，劳动范畴、无产阶级革命范畴则是重要的逻辑中介。经由劳动范畴，实践范畴由哲学领域向政治经济学领域展开；经由无产阶级革命范畴，实践范畴由政治经济学向科学社会主义领域展开。[2]

2. 国外研究现状

西方马克思主义理论家对马克思主义理论整体性的解读思路和解读框架，主要有人本主义和科学主义两种路径。这里仅以两派各自的代表人物为范本，简要说明他们在这一问题上的基本看法。

（1）卢卡奇的人本主义"总体性"解读模式

继列宁之后，卢卡奇针对第二国际的流行理论[3]，在借鉴列宁整体性解

---

[1] 江德兴,张国顺.实践范畴与马克思主义的总体逻辑[J].思想理论教育导刊,2008(02)：27-31.
[2] 郭小香.基于实践范畴的马克思主义整体性解读[J].理论探索,2011(02)：16-19.
[3] 第二国际的流行理论，即把马克思哲学简单地归结为历史观，把历史观简单地归结为经济决定论，忽视了唯物史观中内在贯穿的辩证法的庸俗观点——笔者注

读方法[1]的基础上，提出了"总体性"解读模式。

卢卡奇提出用以解读马克思主义的"总体范畴"，主要是指"总体性方法"，即辩证法[2]，实质上是运用黑格尔唯心辩证法重构马克思主义哲学的尝试。黑格尔哲学伟大的历史感为总体范畴打上了历时态烙印的同时，也使卢卡奇的"总体范畴"带上了唯心主义的特点。这一点决定了卢卡奇"总体范畴"在性质上必然表现为脱离客观现实事物历史发展的真实具体内容的方法抽象，最终必然陷入用方法随意安排内容的自我主观裁减。这一点在他借助康德的先验辩证法阐发总体性问题时，表现得尤为明显。"先验辩证法始终是围绕着总体问题的，这确是无须赘述的。上帝、灵魂等等只是想象出来的神话，以用来表述被认为是完整的（和完全被认识了的）所有认识对象总体的统一的主体或客体。"[3]这样，总体范畴虽然对从整体性的角度把握马克思哲学不无启发性的同时，也决定了它不可能从根本上把握马克思主义的真正总体问题。

（2）阿尔都塞的科学主义"总问题"解读模式

20世纪五六十年代，针对西方世界普遍流行的人道主义化的马克思主义

---

[1] 卢卡奇对马克思哲学"总体性"的解读模式，首先是从学习借鉴列宁开始的。他认为唯有列宁提供了正确解读马克思哲学的钥匙："既走上了这条道路，我们就发现列宁的著作和演说在方法论上具有决定性的意义。……这些著作和演说就有力地提醒我们，列宁作为理论家对于马克思主义的发展具有何等重要的意义。……他有这种影响，是由于他把马克思主义的实践本质发展到了以前从未有过的清晰和具体的高度……把正确理解马克思主义方法的钥匙交到了我们手中。"见卢卡奇. 历史与阶级意识[M]. 杜章智,任立,燕宏远,译. 北京:商务印书馆,1999:41.——笔者注

[2] 卢卡奇认为，辩证法是历史科学中用来理解历史的唯一的科学方法。"如果摒弃或抹杀辩证法,历史就变得无法了解。……这的确使得不可能把历史了解为一个统一的过程。"见卢卡奇. 历史与阶级意识[M]. 杜章智,任立,燕宏远,译. 北京:商务印书馆,1999:62.——笔者注

[3] 奥伊则尔曼. 马克思主义哲学的形成[M]. 北京:三联书店,1964:15.

的思想倾向，阿尔都塞打出"马克思的理论反人道主义"[1]——结构主义马克思主义（科学主义的马克思主义）的旗帜。

阿尔都塞在其"结构主义"理论前识的投射下，提出了反人本主义的"总问题"解读模式。他认为，"总问题"的解读框架是马克思本人的阅读方法，也是我们解读马克思思想应该运用的方法。他把这种"总问题"解读法称为"症候读法"。马克思自己就是运用这种方法阅读斯密的著作，从中"读出了读不出来"——文本中看不见的"斯密问题"。

阿尔都塞认为，马克思哲学早期和中期深受费尔巴哈和黑格尔思想的影响，只有到了《资本论》时期，马克思哲学才完全剔除了费尔巴哈和黑格尔的影响。故而，他以费尔巴哈、黑格尔的思想痕迹是否被剔除干净作为马克思思想分期（断裂）的标志，按照受费尔巴哈和黑格尔思想影响的程度把马克思哲学的分为不同的阶段，每一阶段都有不同的"总问题"。早期，马克思哲学因受费尔巴哈思想的深刻影响，其思想的"总问题"本质上表现为"费尔巴哈式"的"总问题"。因此，马克思的《论犹太人问题》和《黑格尔法哲学批判》等早期著作和文章只有在费尔巴哈总问题的背景下，才能够被理解。《德意志意识形态》是马克思同费尔巴哈哲学影响决裂的标志。《资本论》因其已经完全剔除了黑格尔思想影响的痕迹，成为马克思哲学思想成熟的主要标志。

阿尔都塞依照马克思不同阶段的思想"总问题"，把马克思哲学加以分段，提出了著名的"认识论断裂"说。对于阿尔都塞的"认识论断裂"说以及关于马克思哲学的历史分期观点，德国马克思学家费彻尔（I.Fetscher）给予了这样的评价："阿尔都塞粗暴地割裂'成熟'马克思与'早年'马克思、黑格尔派的马克思与科学的马克思，是有其科学之外的动机的。……他

---

[1] "就理论的严格意义而言，人们可以和应该公开地提出关于马克思的理论反人道主义的问题；而且人们可以和应该在其中找到认识人类世界（积极的）及其实践变革的绝对可能性条件（消极的）。必须把人的哲学神话打得粉碎"。这不是一个偶然提法，他后来多次重申了这个重要提法："马克思的哲学反人道主义。"见［法］路·阿尔都塞. 保卫马克思［M］. 顾良译. 北京：商务印书馆，2011：225.——笔者注

的目的是，反对那种把马克思主义简化为道德的社会批判和人道主义人类学的做法，强调马克思的代表作以及'历史唯物主义'真正科学的特征。"[1]换言之，从实质上看，阿尔都塞所谓的"总问题"应该是他自己的"总问题"。

卢卡奇人本主义的解读视界，使他自觉不自觉地强调了马克思哲学与黑格尔历史哲学、康德先验辩证法"总体范畴"的渊源关系，加重了马克思早期思想在其思想整体中的地位，形成以马克思早期思想为标准评判马克思主义整体理论体系的总体解读思路。这是以卢卡奇为代表的西方马克思主义人本主义流派共同具有的特点。阿尔都塞科学主义的"总问题"解读框架，虽然看到了马克思主义体系整体内部不同历史时期的理论内容之间的差别，但却把这种差别绝对化，得出了"两个马克思"的错误结论。

在解读视角和解读框架的问题上，必须坚持科学主义和人本主义相统一的理论视界和解读视角——实践（对象性活动）视角，才有可能真正认识马克思主义理论整体性。通过对卢卡奇和阿尔都塞解读思路和解读框架的分析，可以得出这样的结论：面对相同的文本，不同的解读视界和解读思路，必然会得出不同甚至截然相反的结论。质言之，不论是执着于反人道主义的科学主义，还是倾心于人道主义，只要固守近代西方科学主义与人本主义割裂对立的理论鸿沟与思想樊篱，就必然会出现"两个马克思""三个马克思"的对立格局。这样既不可能找到马克思主义的真正"总问题"，也不可能真正解决马克思主义理论体系的整体性问题。

---

[1] [德]费彻尔.马克思与马克思主义：从经济学批判到世界观[M].赵玉兰译.北京：北京师范大学出版社，2009：52-53.

（四）劳动与马克思主义理论整体性内在关联的经典阐述

马克思、恩格斯对劳动与马克思主义理论整体性的内在关联的经典阐述，无疑是我们从劳动的角度分析马克思主义理论整体性的理论依据和行文基础。在劳动与马克思主义理论整体性内在关联涉及的诸多问题中，与本文论题相关的问题主要是：马克思、恩格斯自己是否从劳动的角度看待马克思主义理论整体性。

在不同的历史阶段，马克思、恩格斯都有从劳动的角度分析马克思主义理论整体性的典型范例，只是表现的形式有所不同。例如，在马克思的早期著作《1844年经济学哲学手稿》中，马克思以"异化劳动"为基础和中介，把处于萌芽中的马克思主义哲学、政治经济学和社会主义学说的各个组成部分，以直接的、显性的方式结合在一起，只是各个组成部分不太连贯，更多地表现为外在的关联性。在《德意志意识形态》中，马克思、恩格斯在物质生产劳动的基础上，在把自然界、人类社会和思维联结为一个统一整体，唯物史观得以形成。在唯物史观视域下，以物质生产劳动为基础，实现了马克思主义哲学、政治经济学和科学社会主义的内在融合。

马克思对英国古典劳动价值论的态度经历了由反对到接受、再到创新发展的曲折历程。而诸种曲折完成转变的完成，与"劳动力商品"和"雇佣劳动"概念的提出不无关系。在《资本论》及其手稿中，马克思运用唯物史观分析资本主义生产方式下的物质生产劳动[1]，创造性地提出"劳动二重

---

[1] 1843年，在《詹姆斯·穆勒〈政治经济学原理〉一书摘要》中，马克思对英国古典政治经济学的劳动价值论基本上持否定态度。《1844年经济学哲学手稿》中观点与此基本一致。不过，1844年年底以后，马克思转而成为劳动价值论的拥护者。究其原因，应该与1844年底与恩格斯合作完成《神圣家族》有着直接的关联。此时，马克思、恩格斯对于"物质资料的生产劳动是社会存在和发展的基础"这一基本原理产生了较为深刻的理解，于是，在政治经济学领域中，承认并肯定李嘉图劳动价值论成为科学阐述现代资产阶级社会经济过程的必然——笔者注

性"理论,形成科学的劳动价值理论,为剩余价值理论的形成奠定了基础。可以说,承认并发展劳动价值论,是奠基于物质生产劳动的唯物史观在政治经济学领域运用的必然赓续。在1865年《马克思致恩格斯》的信中,马克思这样评价正在写作中的《资本论》:"不论我的著作有什么缺点,它们却有一个长处,即它们是一个艺术的整体;但是要达到这一点,只有用我的方法。"[1]这里,"艺术的整体"即马克思主义的理论整体性。在出版于1867年的《资本论》第一卷中,我们看到他已把哲学渗透于对政治经济学研究对象的分析中,是"生产是总体"思想的具体体现。同样,此时的科学社会主义也不是与政治经济学外在地并列着,而是政治经济学分析的必然结论,三者内在地联系在一起。

体系化要求内容真实,结构合理,也是判断一种学说科学化的标志,创立于19世纪40年代的马克思主义也是如此。在此后的三十多年里,马克思、恩格斯相继发表了许多对自然、社会、思维及整个世界的观点和看法的文章和著作,但一直没有机会进行连贯、系统的论述。恩格斯利用对杜林全面进攻的反击这一难得的历史机遇撰写了《反杜林论》,对马克思主义各组成部分的基本观点及其内在联系从宏观上进行了较为连贯、系统的阐述,完成了马克思主义系统化的使命。在恩格斯的《反杜林论》《自然辩证法》以及马克思的《哥达纲领批判》中,我们都可以看到他们在唯物史观和剩余价值理论指导下,基于自由劳动的未来共产主义设想,实现了马克思主义理论和无产阶级革命实践的内在统一。

奠基于唯物史观和剩余价值理论基础之上的社会主义学说,通过对资本和雇佣劳动之间、资本家阶级和雇佣工人阶级之间对抗性关系的揭示,为雇佣工人阶级——无产阶级找到了解放自己的现实道路——通过无产阶级革命推翻资本统治,废除雇佣劳动,实现自由劳动。

通过对马克思、恩格斯对劳动和马克思主义理论整体观内在关联的了

---

[1] [德]卡·马克思. 马克思致恩格斯[M]//中共中央马克思恩格斯列宁斯大林著作编译局编译. 马克思恩格斯文集(第10卷). 北京:人民出版社,2009:231.

解，可以发现，从马克思恩格斯劳动观整体研究的角度分析马克思主义理论整体性，是一个"真命题"。因此，从马克思恩格斯劳动观整体研究的角度，透视马克思主义理论整体性的研究思路是恰当的。

（五）研究方法

本书写作主要采用了以下四种研究方法。

1. 总体性方法

总体性方法是用总体性视野来看问题的方法。总体性是指事物内部诸要素相互依存、相互影响和相互作用的不可分割性。本书不仅从内容上把马克思主义理论看作由马克思主义哲学、政治经济学和科学社会主义组成的有机结构整体，从对象上把马克思主义理论看作反映自然、社会和思维发展的一般规律的科学体系，而且从主题、使命上把马克思主义理论看作无产阶级实现自身阶级解放和全人类解放的理论和实践相统一的科学体系。

2. 实践辩证法

实践辩证法是马克思主义实践观的方法论意义，或方法论意义上的马克思主义实践观。实践观点是马克思主义的基本观点，与之相应，实践辩证法也必然成为分析、掌握或运用马克思主义的基本方法。马克思主义理论是无产阶级革命实践经验的理论升华，无产阶级的革命实践是马克思主义理论改造世界的具体体现，二者是一体两面的统一整体；脱离无产阶级革命实践的马克思主义理论必然因失去马克思主义的革命特质堕落为思辨哲学，而离开马克思主义理论指导的无产阶级革命实践则必然因失去科学理论的指导重新退归"空想"。笔者力图把无产阶级革命理论和革命实践相统一的使命整体性，即马克思主义理论各要素的整体"共性"作为行文的显性主线，分析马克思主义整体性。

3. 文献分析法

文献研究法是通过搜集、整理、研究文献，进而认识问题本质的方法。本书以马克思主义经典作家不同时期的经典文献为蓝本，一方面，研究马克思、恩格斯如何以哲学、经济学和社会主义学说为系统媒介，触发马克思主义劳动观系统生成并实现革命性变革；另一方面，研究马克思、恩格斯如何以马克思主义劳动观为支点，建构起马克思主义理论体系的整体大厦。

4. 系统分析法

系统分析法就是运用系统科学分析对象的研究方法。系统科学是关于整体的一般科学。系统整体是相互作用着的若干要素组成的复合体，强调整体和要素相互之间双向的影响和制约。一方面，系统整体的性质对其组织内部各要素的性质具有影响和制约作用；另一方面，系统要素的变化同样会扰动系统整体的状态。系统分析方法的主旨在于运用由系统要素之间、要素与整体之间相互作用形成的系统整体"共性"性质，"纵向地"贯穿于系统各要素之中，使系统各要素更接近系统整体的"统一"目标。笔者力图把马克思主义理论体系各组成要素相互作用形成的整体"共性"贯穿于各要素，使体系本身的整体性充分体现。

（六）拟完成的知识创新

笔者尝试突破传统学科界划的框架，以马克思恩格斯劳动观整体研究为基点，透视马克思主义理论体系的内在整体性。具体包括以下两个方面。

第一，以马克思两大发现为参照，把马克思恩格斯的劳动思想分为两大发现之前、唯物史观创立阶段、剩余价值理论创立阶段以及体系化阶段，与此相适应，劳动思想的演化相应体现为异化劳动、物质生产劳动、雇佣劳动和自由劳动等四个核心范畴，找到了以马克思恩格斯劳动观整体研究为基点透视马克思主义理论整体性的内在逻辑线索。

第二，以马克思恩格斯劳动观不同历史阶段的内涵为依据，把马克思主义哲学、经济学和社会主义学说联结为一个理论整体。在物质生产劳动对象性本质的基础上，将自然、社会、思维联结为一个客观整体，唯物史观得以确立；在资本主义社会物质生产劳动的社会性形式——雇佣劳动的基础上，把资本生产方式下劳动产品价值形式的历史发展——商品、货币、资本作为一个总体过程，揭示了资本的本质以及剩余价值的实质，实现了对资本的历史总批判；在物质生产劳动的未来发展指向——自由劳动的基础上，通过劳动解放的方式揭示了无产阶级解放的历史总归宿。

二、马克思恩格斯劳动观的形成与确立

马克思恩格斯劳动观的形成与确立主要体现在理论来源、发展阶段和主要内容三个方面。

（一）马克思恩格斯劳动观的理论来源

与马克思主义理论体系的直接来源一样，马克思恩格斯劳动观的理论来源主要包括德国古典哲学、英国古典政治经济学和19世纪英法批判空想社会主义的劳动观三个方面。从劳动思想发展史的角度看，劳动作为一个具有一般性、普遍性的抽象范畴，首先归功于英国古典政治经济学家们的理论努力。而劳动上升为哲学范畴，则有赖于德国古典哲学家黑格尔的哲学思辨。19世纪英法批判的空想社会主义者们的劳动思想也为马克思恩格斯劳动观的形成和确立提供了丰富的思想资源。

1. 英国古典政治经济学的劳动观

英国古典政治经济学体系奠基于亚当·斯密，总其成于大卫·李嘉图。劳动价值论是英国古典政治经济学的理论基础。斯密的劳动观奠定了劳动价值论的理论根基。因此，我们以亚当·斯密和大卫·李嘉图为代表考察英国古典政治经济学的劳动观。

第一，亚当·斯密（A.Smith）的劳动观。亚当·斯密的劳动观主要体现在以下几个方面。

首先，劳动是国民财富的唯一源泉。斯密在《国民财富的性质和原因的研究》一书之开篇语云："一国国民每年的劳动，本来就是供给他们每年消费的一切生活必需品和便利品的源泉。"[1]这里的"劳动"是指一切劳动，或劳动一般。马克思曾在《〈政治经济学批判〉导言》中这样评价斯密的一般劳动：他抛开了工业劳动、商业劳动或农业劳动等创造财富的各种具体劳动形式，把现实劳动体系中的各类劳动同等看待，即把各类具体劳动抽象为劳动一般。这样，创造财富的这个"劳动一般"，就不是与工业劳动、商业劳动或农业劳动直接等同的具体劳动，而是对工业劳动、商业劳动或农业劳动等各种具体的劳动形式的理论抽象。相对于他之前的货币主义、重商主义和重农主义，把财富看作存在于主体自身之外的物——货币，或者把财富看作是主体的某一种具体劳动——商业劳动、工业劳动或农业劳动的产物，"亚当·斯密大大地前进了一步"[2]，开启了资产阶级古典政治经济学的新时代。

当然，斯密之所以能够对任何种类的劳动同样看待，从各类劳动的具体形式中抽象出"劳动一般"，既是对当时社会现实劳动状况的理论抽象，也是对拥有"最发达的和最多样性的历史的生产组织"的资本主义社会劳动分工和商品交换状况的具体反映。在理论上，把不同种类的劳动同样看待，意味着撇开了与劳动者、劳动对象、劳动资料等与具体劳动这种特殊活动相联系的诸多特殊性规定，劳动成为创造财富的一般手段。这种情况只有在这样

---

[1] ［英］亚当·斯密. 国民财富的性质和原因的研究（上卷）[M]. 郭大力，王亚南，译. 北京：商务印书馆，2014：1.

[2] ［德］卡·马克思. 1857—1858年经济学手稿[M]//中共中央马克思恩格斯列宁斯大林著作编译局编译. 马克思恩格斯全集（第30卷）. 北京：人民出版社，1995：45.

的现实劳动状况下才有可能存在，即各种具体的特殊劳动种类齐全，已经形成一个十分发达的具体劳动总体。这样一来，它就不再只是在特殊形式上才能加以思考了。在资本主义现实的生产实践上，在各种具体劳动组成的劳动总体中，任何一种劳动都不能支配其他一切劳动，劳动者也很容易从一种特殊劳动转到另一种特殊劳动；而且不同种类的商品生产者也很容易通过交换的方式获得其他劳动者的劳动产品。斯密当时已经认识到：从各类具体劳动中抽取出来的劳动一般，就是资本主义社会分工和商品交换体系下商品交换的价值基础。一般劳动作为国民财富的唯一源泉，或劳动成为创造财富的一般手段，这一观点奠定了英国古典政治经济学劳动价值论的理论基础。

其次，劳动是衡量一切商品交换价值的真实尺度。这是斯密劳动价值论最基本、最重要的观点。但是，斯密在其后的分析中，对作为资本主义社会分工和商品交换体系中衡量商品交换价值尺度的"劳动"的认识存在一定的矛盾，使斯密对劳动价值论内涵的理解陷入了内在价值论和外在价值论并存的两难境地。一方面，斯密把作为商品交换价值尺度的劳动理解为生产这个物品所付出的"辛苦和麻烦"，即生产该商品所须付出的劳动量。在这个意义上，他把劳动理解为商品的内在价值。另一方面，斯密又把衡量商品交换价值的尺度理解为商品交换过程中某一商品所交换的或所购得的劳动量。在这个意义上，他从交换价值的角度把劳动理解为商品的外在价值。为了解决这个矛盾，斯密提出：在土地尚未私有和资本积累之前的原始社会状态下，商品交换以生产该商品所付出的劳动量为衡量标准；而在土地私有和资本积累的社会状态里，商品的真实价格由购得的或所交换的劳动决定。以工资为例，劳动者的工资取决于劳资两方面所订的契约。于是，为提高工资劳动者联合起来，为减低工资雇主们联合起来。显然，斯密对工人工资的思考不是从生产商品需要付出的、内在的劳动量的角度出发的，而是从商品交换的角度理解的。也正是这个意义上，斯密把工资与利润和地租平列作为劳动、资本和土地三种可交换价值源泉的收入之一。

斯密在劳动作为商品交换价值尺度问题上存在的矛盾和混乱，与他坚守的理论初衷和所处的时代背景是分不开的。成长并生活于18世纪的亚当·斯密在资产阶级政治经济学领域中取得的成就，有着18世纪欧洲人本主义和理想主义思想的时代特点，秉持与欧陆古典自然法学派相似的思想前提。在他看来，自然是神赐予的丰裕世界；人原本也是自由的，政府使人变成了奴隶；只要人获得了自由，就必然拥有理性。斯密以这种先验的人性假设为前提，提倡自由经济秩序和自主经济主体。对此，马克思指出：被斯密作为出发点的"孤立个人"，不是历史发展的结果，而是历史的起点。这种观点完全"属于18世纪的缺乏想象力的虚构"[1]。于是，从这一普遍丰裕的世界和自由理性的经济主体等假设前提出发，对于处于劳动分工和商品交换活动中的自由自主的理性经济主体而言，他们之间进行商品交换的机制如何，便成为斯密探讨的主要问题。在这个问题域下，斯密一方面把劳动理解为取得劳动产品所付出的"痛苦"，另一方面又把劳动理解为通过交换购得的劳动量，亦即自己可以减省的各种"辛苦和麻烦"，也就合乎情理了。所以，在斯密这里，当他把作为社会财富唯一源泉的劳动理解为生产该物品所付出的"辛苦和麻烦"——取得此物品所付出的代价时，此种意义下的劳动便不再是一种推动社会和经济发展的积极力量。同样，在这一问题视域下，劳动在交换活动中的意义和作用也必然成为斯密关注的对象。这也是斯密用收入价值论代替劳动价值论的深层原因。

第二，大卫·李嘉图（D.Ricardo）的劳动观。大卫·李嘉图继承和发展了斯密劳动价值论的基本观点，批判了斯密在劳动价值论上的错误，但又在他自身的理论局限内出现了新的问题。大卫·李嘉图的劳动观具体表现在以下几个方面。

首先，劳动时间决定商品价值。李嘉图在坚持劳动是财富创造源泉的前提下，克服了斯密在劳动尺度问题上的矛盾性，坚持了劳动时间决定商品价值的原理，化解了斯密在这一问题上的两难困境。对李嘉图的这一贡献，恩

---

[1] ［德］卡·马克思.《政治经济学批判》导言[M]//中共中央马克思恩格斯列宁斯大林著作编译局编译.马克思恩格斯全集（第30卷）.北京：人民出版社，1995：22.

格斯在《反杜林论》中给予了高度的评价：在斯密那里，工资决定商品价值的观点，与劳动时间决定价值的观点常常混在一起，从李嘉图开始，前一种观点就被摒弃于经济科学之外了。

其次，劳动时间决定价值的原理普遍适用于资本主义及资本主义以前的所有社会形态。针对斯密为解决交换价值尺度问题上的二元矛盾而提出耗费的劳动只适合于资本积累和土地私有制尚未发生以前的"初期野蛮社会"——原始状态社会的观点，李嘉图提出劳动决定价值的原理适合于包括原始社会在内的所有的社会形态。李嘉图所持有的人类社会原始状态时期也有资本积累的看法，实质上是把资本主义社会的特殊性夸大为人类社会的一般性。也可以说，李嘉图把资本主义社会看作是一个自然的社会，"抹杀一切历史差别、把一切社会形式都看成资产阶级社会形式"[1]。于是，具有一般性、自然性的资本主义社会便被李嘉图赋予了永恒性的特点。基于阶级立场上的局限性，我们也就不难理解抛开了社会生产特殊历史阶段性的李嘉图，虽然"力求在一定的社会结构中来理解现代生产并且主要是研究生产"，但却只能"把分配说成现代经济学的本题"[2]的其中缘由。

最后，李嘉图把工人（劳动者）的劳动理解为价格，在一定程度上在分配领域内触及了资本主义生产的本质。李嘉图彻底贯彻商品价值由劳动时间决定的原理，反对斯密关于商品价值由工资、利润和地租共同决定的观点。换言之，李嘉图把资本、土地、劳动三个要素都放在了资本主义商品生产和交换关系体系下商品内含的必要劳动量的线索上加以理解，即把"劳动"理解成"让劳动者大体上能够生活下去并不增不减地延续其后裔所必需的价格"[3]，把"地租"理解成"为使用土地的原有和不可摧毁的生产力而付给地主的那一部分土地产品"，把"利润"理解为资本在生产中被

---

[1] [德]卡·马克思.《政治经济学批判》导言[M]//中共中央马克思恩格斯列宁斯大林著作编译局编译.马克思恩格斯全集(第30卷).北京：人民出版社，1995：47.

[2] [德]卡·马克思.《政治经济学批判》导言[M]//中共中央马克思恩格斯列宁斯大林著作编译局编译.马克思恩格斯全集(第30卷).北京，人民出版社，1995：38.

[3] [英]大卫·李嘉图.政治经济学及赋税原理[M].北京：商务印书馆，1972：77.

使用而付给资本所有者的一种必要报酬。可以看出，在李嘉图这里，"在分配上出现的"工资、地租和利润，不再是像斯密一样是三方签订契约、讨价还价的结果，而是"在生产上作为生产要素出现"的劳动、土地、资本，本质上"它们是以资本作为生产要素为前提的分配方式。它们又是资本的再生产方式"[1]。在这个意义上，马克思把李嘉图的学说称为"资产阶级制度的生理学——对这个制度的内在有机联系和生活过程的理解——的基础、出发点"[2]，即深入到了资本主义社会生产过程的内在有机联系。也可以说，在分配领域内在一定程度上触及了资本主义生产的本质。

但这仅仅只是出发点。因为只有在劳动作为雇佣劳动参与生产的前提下，产品分配才会采取工资形式，但在李嘉图这里，建立在资本积累和资本主义社会自然化、永恒化基础上的劳动，只能是对象化意义上一般劳动或劳动一般。无法区别劳动一般与雇佣劳动的李嘉图，当然也无法把抽象劳动（一般劳动）和抽象化的劳动（与劳动条件相分离的劳动——劳动力）区别开来，把资本和劳动力相交换误解为资本和劳动相交换，最终导致李嘉图自身无法解决的困境。这一问题也是最终导致李嘉图体系解体的两大理论难题[3]之一。

第三，英国古典政治经济学劳动观的局限。以亚当·斯密和大卫·李嘉图为代表的英国古典政治经济学家们通过对劳动的系统分析，提出了"劳动是财富之源""劳动是衡量价值的尺度"等基本判断，彰显了劳动在社会物质财富生产中的基础性地位和作用。但与其说他们重视劳动，不如说是重视劳动产品；与其说他们重视劳动的价值，不如说是重视剩余价值。在国民经

---

[1] [德]卡·马克思.《政治经济学批判》导言[M]//中共中央马克思恩格斯列宁斯大林著作编译局编译. 马克思恩格斯全集(第30卷).北京：人民出版社，1995：36.

[2] [德]卡·马克思. 剩余价值理论[M]//中共中央马克思恩格斯列宁斯大林著作编译局编译. 马克思恩格斯全集(第26卷)(2).北京：人民出版社，1973：183.

[3] 李嘉图体系的两大理论难题：李嘉图体系的第一个困难是，资本和劳动的交换如何同价值规律相符合。第二个困难是，等量资本，无论它们的有机构成如何，都提供相等的利润，或者说，提供一般利润率——笔者注

济学家的视野里，工人不是作为人存在的，只是作为生产的要素、劳动的动物而存在的。这样，以劳动为原则的国民经济学却最不把人当人，割裂了劳动和人的本质之间的实质性联系，当然也就不可能从劳动出发科学地理解人与自然以及人与社会之间的关系。

无论是斯密还是李嘉图，他们站在资产阶级的立场上，从抽象的先验人性假设前提——原子式的"孤立个人"出发研究社会的物质生产，却没有为这些生产着的个人提供现实的社会性生产条件，因而也只能停留在社会物质生产的一般或抽象的层面上，不能深入到各个不同历史阶段的特殊的物质生产中去。换言之，他们都只能从交换关系的层面上研究资本主义生产，却不能深入到生产关系以及生产力和生产关系相互作用的层面，他们只能从交换价值的角度理解劳动，却无法深入到交换价值的背后——价值的层面。

英国古典政治经济学家们所秉持的非历史的世界观或抽象的历史观，直接导致他们把资本主义生产这种特殊的生产方式误认为是社会生产的一般的自然形式[1]，把资本主义这种历史的、暂时的社会形态误认为是一种自然的、永恒的社会，资本家阶级对工人阶级的统治也必然是自然的、长久的。这一点也是导致英国古典政治经济学劳动观自身局限性的根本原因。

从斯密到李嘉图，英国古典政治经济学家不断把劳动价值论的研究推向理论高峰，为马克思恩格斯科学的劳动价值理论的创立作出了历史性贡献。

---

[1] 对于英国古典政治经济学家的根本缺陷，马克思在《资本论》中曾明确指出："古典政治经济学的根本缺点之一，就是它从来没有从商品的分析，特别是商品价值的分析中，发现那种正是使价值成为交换价值的价值形式。恰恰是古典政治经济学的最优秀的代表人物，像亚·斯密和李嘉图，把价值形式看成一种完全无关紧要的东西或在商品本性之外存在的东西。这不仅仅因为价值量的分析把他们的注意力完全吸引住了。还有更深刻的原因。劳动产品的价值形式是资产阶级生产方式的最抽象的、但也是最一般的形式，这就使资产阶级生产方式成为一种特殊的社会生产类型，因而同时具有历史的特征。因此，如果把资产阶级生产方式误认为是社会生产的永恒的自然形式，那就必然会忽略价值形式的特殊性，从而忽略商品形式及其进一步发展——货币形式、资本形式等等的特殊性。"见［德］卡·马克思.资本论（第1卷）[M].北京：人民出版社，2004：98-99.——笔者注

2. 德国古典哲学的劳动观

黑格尔是德国古典哲学的集大成者，也是引导马克思关注英国古典政治经济学劳动价值论的理论中介，他对劳动的看法对马克思恩格斯产生了直接的影响[1]。因此，我们把黑格尔的劳动观作为德国古典哲学劳动观的典型代表。

在德国哲学史上，黑格尔（G.W.F.Hegel）首次把以斯密为代表的英国古典政治经济学领域中的劳动思想提升到哲学层面，使劳动具有了普遍性和一般性的意义。但作为资产阶级时代精华的黑格尔哲学的组成部分，他的劳动思想又有其难以逾越的阶级局限和历史局限。

第一，黑格尔的劳动观。黑格尔的劳动观主要包括以下几点。

首先，黑格尔在哲学即普遍性和一般性的层面上理解劳动，劳动既是人获得满足其生存需要的生活必需品的手段，也是劳动主体创造自己、生成客观对象世界的唯一途径。在这个意义上，劳动把人和动物区别开来，是人和动物相区别的本质。黑格尔认为，普遍性是人区别于动物的根本标志。一方面，人和动物一样，会受到自身自然性的生理性需要以及满足这些需要所使用的手段和方法的限制；另一方面，人和动物不同，人可以通过自身超越这些需要及其满足手段的特殊性、局限性的限制，证实自己的普遍性。劳动就是人打破自然性的生理需要及其满足手段有限性的手段。通过劳动，人的需要不断殊多化、具体化、无限化、一般化，满足需要的手段也不断多样化，

---

[1] 马克思、恩格斯在《德意志意识形态》中把劳动视为"人类生存"和"人类历史"的第一个前提，无疑吸取了黑格尔劳动观此一方面的观点。这一点从《德意志意识形态》的文本中可以直观。马克思、恩格斯在论述"一切人类生存的第一个前提""历史的第一个前提"时，强调"人们为了能够'创造历史'，必须能够生活。但是为了生活，首先就需要吃喝住穿以及其他一些东西"。在此处，马克思加了第二个边注："黑格尔。地质、水文等等的条件。人体。需要，劳动。"见[德]卡·马克思，弗·恩格斯. 德意志意识形态[M]//中共中央马克思恩格斯列宁斯大林著作编译局编译. 马克思恩格斯文集（第1卷）. 北京：人民出版社，2009：531.——笔者注

不断超越自然性需要及其满足手段的特殊性对人的限制，把人实现为一种普遍性的存在。在这一意义上，黑格尔把劳动视为教养儿童的一种方法[1]。在劳动过程中，人自身通过劳动把自己确立为不同于动物的主体，使人成为一个有意识的普遍性存在，具有了超越自身自然存在的精神特质。

在人和动物相区别的一般性哲学层面上，黑格尔把劳动定义为人加工和改造自然界外部对象以满足人自身需要的合目的性活动。[2]劳动的直接后果，即劳动的客观价值，就是人通过加工、改造外部的自然对象，使自然物的外在形态发生合乎主体目的和需要的改变，变成能够被人消费的产品。日复一日，劳动的目的和手段日益殊多化、无限化，具有普遍性的特点。这样，人便不断用自己努力的成果满足自己日新的需要，不再局限于自然欲望的推动和自然方法的满足，在动力和手段两方面双重越出自然界限，把人从自然动物中提升出来，把人和动物区别开来。"人通过流汗和劳动而获得满足需要的手段。"[3]因此，劳动既是人获得满足其生存需要的生活必需品的手段，也是劳动主体创造自己、生成客观对象世界的唯一途径。

其次，在不同的时代，劳动的对象、性质和发展阶段都将不同，劳动具有历史性的特点。资本主义工商业时代的劳动在本质上是以分工和交换为特点的现代工业生产体系下的社会劳动。黑格尔通过对以斯密和李嘉图为代表的资产阶级古典政治经济学的研究发现，在现代商品生产条件下，劳动总是和分工相互关联着出现的，劳动在本质上是以分工和交换为特点的现代工业生产体系下的社会劳动。这种分工和交换体系下的社会劳动体系形成市民社会。从劳动对象上看，资本主义工商业时代的劳动超越了以"所耕种土地

---

[1] "在儿童的生活里所看见的谐和乃是自然的赐予，而我们所需返回的谐和应是劳动和精神的教养的收获。"见[德]黑格尔.小逻辑[M].贺麟译.北京：商务印书馆，1980：90.——笔者注

[2] "劳动通过各色各样的过程，加工于自然界所直接提供的物资，使合乎这些殊多的目的。这种造形加工使手段具有价值和适用。这样，人在自己消费中所涉及的主要是人的产品，而他所消费的正是人的努力的成果。"见[德]黑格尔.法哲学原理[M].范扬，张企泰，译.北京：商务印书馆，1961：209.——笔者注

[3] [德]黑格尔.法哲学原理[M].北京，商务印书馆，1961：209.

的自然产物为它的财富"为特点的"第一等级"的农业劳动时代,步入了以"自然产物则只能看作是材料"为劳动特点"第二等级"——"产业等级"的工商业劳动时代。[1]从发展阶段上看,此一时期的劳动是与农业劳动不同的工业劳动。从性质上看,此一时期的劳动是处于市民社会普遍需要体系中分工和交换体系下的社会劳动。

在以分工和交换为特点的现代工商业生产体系下,从表面上看,从事劳动的主体是单个的、孤立的、原子式的理性个人——"个别的人"或"私人",他们在自己的需要的推动下,追求着自己的利益;但从本质上看,私人在自己需要、利益这些内在动力的推动下,把自己的劳动作为满足自己需要和利益的手段,他们的劳动具有私人的性质,这只是显性的一面;显像的背后存在着隐性的另一面,即在分工的劳动体系下,每一个私人不能仅凭自己的劳动满足自己所有的需要,不得不依赖社会上其他人的劳动成果——通过交换的方式满足自己,这样,所有人的劳动成为彼此需要互相满足的条件。私人的为我劳动同时具有了社会的性质[2],每个私人的特殊劳动也都具有了普遍的性质[3],甚至连需要本身,也具有了普遍性和社会性。这也就是说,人不仅是在自我生成、自我完成过程中的劳动着的人,也是一个在分工和交换体系下独立的个人与个人之间互相承认关联中共同劳动着的人。由这些相互联系着的单个人的需要和劳动形成的社会物质生活体系就是市民社会。

---

[1] [德]黑格尔. 法哲学原理[M]. 范扬, 张企泰, 译. 北京: 商务印书馆, 1961: 212-214.

[2] "需要和手段,作为实在的定在,就成为一种为他人的存在,而他人的需要和劳动就是大家彼此满足的条件。当需要和手段的性质成为一种抽象时,抽象也就成为个人之间相互关系的规定。这种普遍性,作为被承认的东西,就是一个环节,它使孤立的和抽象的需要以及满足的手段与方法都成为具体的、即社会的。"见[德]黑格尔. 法哲学原理[M]. 范扬, 张企泰, 译. 北京: 商务印书馆, 1961: 207. ——笔者注

[3] "我必须配合着别人而行动,普遍性的形式就是由此而来的。我既从别人那里取得满足的手段,我就得接受别人的意见,而同时我也不得不生产满足别人的手段。于是彼此配合,相互联系,一切各别的东西就这样地成为社会的。"见[德]黑格尔. 法哲学原理[M]. 范扬, 张企泰, 译. 北京: 商务印书馆, 1961: 207. ——笔者注

再次，集私人劳动和社会劳动于一身的资本主义劳动是建构资本主义社会历史的基础和途径。在耶拿时期，黑格尔第一次比较详尽地研究了劳动的社会历史意义，即劳动作为对个人与社会共同体起共同推动作用的本质规定性，强调在资本主义社会中劳动对个人与共同体的存在和发展均具有决定性作用。在分工和交换为特点的资本主义工商业时代，单个人的劳动具有私人劳动和社会劳动相统一的特点，所有单个人的劳动总体组成社会总劳动。在这个意义上，我们可以说劳动是建构社会历史的基础和唯一途径。这也就是说，个人通过劳动、基于劳动建构了超越于个体自身之外的社会关系的总体性——社会历史。

最后，黑格尔按照社会发展的不同阶段，把劳动区分为具体劳动和抽象劳动两种类型。具体劳动指的是在人类早期的传统自然经济条件下，如"晨兴理荒秽，带月荷锄归"之类的农民的生产劳动，本质上属于有个性的特殊劳动。具体劳动创造有个性的初级产品。抽象劳动[1]指的是资本主义大机器生产条件下，复杂分工体系下的机械化、简单化劳动，本质上属于无个性差别的、形式化的社会劳动。抽象劳动生产无个性差别的规模化产品。人类早期，劳动者创造的产品，虽然原始、粗糙，但基本上能够保留自然对象的原有特色，能够体现出个人与自然界之间的生动联系。所以，在这种劳动中，劳动者个人的完整个性基本上能够保留在劳动成果中。步入现代交换社会以后，在资本主义商品生产的复杂分工体系下，劳动越来越具有抽象化的特点，个人的劳动必然也转化为人类的抽象劳动。在这种劳动中，分工的细密化使生产者之间的依赖性、协作性越来越密切，劳动产品也成为所有劳动者共同劳动的必然结果。生产过程的精致化和生产条件的机械化使个人的劳动越来越简单化、单调化，个人也被贬低为机器的零件，甚至被机器所取代。黑格尔这里讨论的分工，应该属于亚当·斯密意义上的工厂内部的劳动分工。

---

[1] "但是劳动中普遍的和客观的东西存在于抽象化的过程中，抽象化引起手段和需要的细致化，从而也引起了生产的细致化，并产生了分工。个人的劳动通过分工而变得更加简单……。" 见 [德] 黑格尔. 法哲学原理 [M]. 范扬，张企泰，译. 北京：商务印书馆，1996: 210. ——笔者注

在这种分工里，机器主导的呆板、机械的劳动越是完善，劳动越是转交给机器来承担，劳动者掌握对象的行为越加形式化，劳动者自身的发展也便越是单向度。

第二，黑格尔劳动观的局限性。黑格尔首次在哲学的层面上认识到劳动与人的本质之间的内在关联，也看到了劳动在世界历史演进中的积极推动作用，但黑格尔的劳动观不仅是唯心的，而且是片面的。马克思在《1844年经济学哲学手稿》中曾指出：黑格尔所谓的劳动纯系精神活动，并非现实的人类活动，而且他只看到了劳动的积极的、肯定的方面，而没有看到消极的、否定的方面，所以他关于"劳动是人的本质"的命题，也就只能是一朵结不出果实的花。

黑格尔从历史发展的角度，把传统劳动形式视为具体劳动，把机器生产条件下生产劳动理解为抽象劳动（总体劳动），虽然不是指现代生产的具体劳动和抽象劳动的关系，却把劳动以及由劳动中介的人和自然的关系放置在人类历史发展的长河中，从劳动发展史的角度理解社会发展史，这种建立在劳动辩证法基础上的历史辩证法，相对于英国古典经济学把资本主义商品生产自然化、永恒化，无疑是深刻的、正确的。同时，黑格尔通过抽象劳动揭示出资本主义商品经济条件下机器生产导致劳动的形式化，以及劳动主体的片面化，也是切中肯綮的！

从上述黑格尔的劳动思想中可以看出，他对劳动的理解和阐述主要集中在劳动和自然、劳动和社会以及劳动和人的精神之间关系上，但本质上却把劳动理解为一种精神性的活动。因此，黑格尔的劳动思想虽然不乏深刻性、历史性，但却缺乏真实的现实性。"黑格尔唯一知道并承认的劳动是抽象的精神的劳动。"[1]他所说的劳动只是绝对精神自我外化创造世界过程中的一个环节，本质上是一种精神活动。相对于《1844年经济学哲学手稿》中马克思把工人的现实劳动看作异化劳动，黑格尔所说的劳动是资本主义生产方式

---

[1] ［德］卡·马克思.1844年经济学哲学手稿[M]//中共中央马克思恩格斯列宁斯大林著作编译局编译.马克思恩格斯文集（第1卷）.北京：人民出版社，2009：205.

下现实存在的工人的雇佣劳动,不过是从积极的、肯定的方面——对象化活动意义上来理解劳动。

德国古典哲学集大成者黑格尔的劳动观为马克思主义劳动观提供了重要的思想资源。

3. 19世纪英法批判空想社会主义的劳动观

19世纪英法三大批判空想社会主义者——圣西门、傅立叶和欧文,是马克思、恩格斯之前社会主义思想发展的最高成就[1],他们的劳动观对马克思恩格斯劳动观的形成产生了直接的影响。

第一,三大批判空想社会主义者的劳动观。三大批判空想社会主义者对劳动看法主要体现在以下几个方面。

首先,人人应当劳动。圣西门在1802年出版的《日内瓦书信》中就曾提出:"人人应当劳动。"[2]作为法国大革命"产儿"的圣西门(C.H.de Rouvroy),当他看到通过法国革命变为现实的"理性的国家、理性的社会"不是"绝对合乎理性",而原有社会中"富有和贫穷的对立并没有化为普遍的幸福"反而矛盾更为尖锐的时候,当建立在迅速发展的工业基础上的资本主义反而使"劳动群众的贫穷和困苦成了社会的生存条件"的时候,当启蒙学者们宣扬的由"理性的胜利"建立起来的社会制度和政治制度变成"一幅令人极度失望的讽刺画"[3]的时候,他天才地发现:"法国革命是

---

[1] "德国的理论上的社会主义永远不会忘记,它是站在圣西门、傅立叶和欧文这三个人的肩上的。虽然这三个人的学说含有十分虚幻和空想的性质,但他们终究是属于一切时代最伟大的智士之列的,他们天才地预示了我们现在已经科学地证明了其正确性的无数真理。"见[德]弗·恩格斯.《德国农民战争》序言(1870年第二版序言的补充)[M]//中共中央马克思恩格斯列宁斯大林著作编译局编译.马克思恩格斯选集(第2卷).北京:人民出版社,1995:635-636.

[2] 见[德]弗·恩格斯.反杜林论[M]//中共中央马克思恩格斯列宁斯大林著作编译局编译.马克思恩格斯文集(第9卷).北京:人民出版社,2009:274.

[3] 见[德]弗·恩格斯.反杜林论[M]//中共中央马克思恩格斯列宁斯大林著作编译局编译.马克思恩格斯文集(第9卷).北京:人民出版社,2009:272-273.

贵族、资产阶级和无财产者之间的阶级斗争"[1]，"恐怖统治是无财产的群众的统治"[2]。他睿智地发现：同资产阶级革命之前"第三等级和特权等级之间的对立就采取了'劳动者'和'游手好闲者'之间的对立的形式"[3]一样，在资产阶级革命之后的资本主义社会里，统治者仍然是游手好闲的寄生阶级，而劳动群众却仍然陷于贫困和苦难之中。与革命前的封建专制社会一样，资本主义社会也是一个"是非颠倒的世界"[4]！正是基于人文理性"人人平等"的"自然"理念，圣西门提出了"人人应当劳动"的理想主张，并把这一主张作为未来合乎理性的理想社会的基本原则。

其次，人人都是劳动者，劳动成为人类平等的、乐生的需要。在未来合理的社会——即圣西门的实业制度（协作社）、傅立叶的和谐的实业制度（法郎吉）和欧文的共产主义公社（消费合作社和生产合作社）里，人人都是劳动者，人人有着平等的劳动义务和平等地取得劳动产品的权利，劳动成为人类乐生的需要。圣西门设想在作为劳动者的社会里，一切人都要劳动，一切社会寄生虫都将被铲除。在他设想的协作社里，虽然保留了私有制，却是最平等的社会制度。傅立叶的理想社会是和谐的协作制度，"法郎吉"是和谐社会的基本单位。"法郎吉"是一种城市与乡村、工业与农业、脑力劳动与体力劳动、教育与生产劳动、生产活动与消费活动相结合的集体经营的协作组织。在"法郎吉"中，消灭了旧式自然分工，每个人不仅从事工业劳动，而且还要进行农业生产等等；劳动成为人类乐生的要素，资产者、作家、艺术家们出于乐生的需要同样参加体力劳动。欧文的理想社会是建立在

---

[1] [德]弗·恩格斯.反杜林论[M]//中共中央马克思恩格斯列宁斯大林著作编译局编译.马克思恩格斯文集（第9卷）.北京：人民出版社，2009：275.

[2] [德]弗·恩格斯.反杜林论[M]//中共中央马克思恩格斯列宁斯大林著作编译局编译.马克思恩格斯文集（第9卷）.北京：人民出版社，2009：274.

[3] [德]弗·恩格斯.社会主义从空想到科学的发展[M]//中共中央马克思恩格斯列宁斯大林著作编译局编译.马克思恩格斯选集（第3卷）.北京：人民出版社，1995：725.

[4] [法]昂利·圣西门.圣西门选集（第1卷）[M].王燕生，徐仲年，徐基恩，等，译.北京：商务印书馆，1979：239.

生产资料公有制基础上的劳动公社的联合体，即共产主义公社。劳动公社是根据"联合劳动、联合消费""特权均等"等原则建立起来的一个大家庭，是独立的经济、政治组织。每一个公社社员都要忘我地为公社的集体利益劳动，每一个社员也都能从公社领取到他所需要的东西。特别是傅立叶提出的"情欲引力理论"，认为每个人生下来就有一种偏好某种劳动的习性，人类精神本来就有活动的要求，因此不必强迫人们去活动，只需给人的活动天性以正确的指导。这一理论为劳动何以成为乐生需要以及未来社会劳动如何发展提供了内在的根源和发展的动力。

再次，劳动果实应当属于劳动阶级。傅立叶认为劳动和享受具有同一性，资本主义制度却极端不合理地把二者分裂开来。在欧文看来，产业革命带来的大机器生产以及不断采用的新技术所提供的强大生产力，是劳动阶级共同创造的共同财产，应当为大家的共同福利服务，而不应该再像以前"仅仅使个别人发财而使群众受奴役"[1]。一句话，劳动果实应该属于劳动阶级。这里，欧文敏锐地感觉到"私有财产过去和现在都是人们所犯的无数罪行和所遭的无数灾祸的根源"[2]，"私有财产是贫困的唯一根源"[3]，认识到资本主义私有制是资本利用大机器生产对劳动的掠夺的根源，天才地揭示出劳动和资本主义私有制之间不可调和的矛盾。在这种制度下，劳动阶级在大机器生产中创造出的惊人财富，没能造福他们自己，也没能造福社会，却变成了少数人利用这些财富继续吞没多数人的劳动所产生的财富的手段，变成了少数人用来奴役大众的根源和人人角逐的对象。

最后，劳动与分工和所有制密切相关，不同的分工和所有制下的劳动具有不同的性质和特点。在旧式分工和资本主义私有制下，劳动属于雇佣劳动，工人的劳动是畸形的、片面的；在未来的分工和新的公有制社会制度

---

[1] [德]弗·恩格斯. 反杜林论[M]//中共中央马克思恩格斯列宁斯大林著作编译局编译. 马克思恩格斯文集(第9卷). 北京: 人民出版社, 2009: 279.

[2] [英]罗伯特·欧文. 欧文选集(第2卷)[M]. 柯象峰, 等, 译. 北京: 商务印书馆, 1981: 11.

[3] [英]罗伯特·欧文. 欧文选集(第2卷)[M]. 柯象峰, 等, 译. 北京: 商务印书馆, 1981: 13.

下，"劳动应当重新获得它由于分工而丧失的那种吸引力"[1]，即劳动者的劳动活动是全面的、自由的。换言之，三大社会主义空想家在一定程度上直觉到劳动与分工和所有制之间的内在关联，把对资本主义私有制度的批判和对雇佣劳动的批判直接联系起来，并在人类社会发展规律的层面上考察了二者之间的矛盾运动及其历史发展过程。在他们看来，人类社会是一个有规律的、前进的历史发展过程，新的社会制度既包含着以往旧制度的残余，也包含着未来新社会的萌芽。圣西门从人类理性发展的角度，把社会历史划分为多神教时代、有神论时代和实证阶段三个阶段，并认为每一种社会都包含着衰亡和新生"两种性质完全对立的力量"[2]。其中，每一种社会都有孕育下一种社会的能力，资本主义社会只是旧的封建制与未来社会之间的一个中间和过渡的体系。傅立叶认为，"人类在它的社会历程中必须经过三十六个时期"[3]，每个历史阶段都有它的上升时期和下降时期，他开列了其中的前八个，即混沌、原始、蒙昧、宗法、野蛮、文明、保障、协作以及和谐制度，现存的资产阶级社会处于文明阶段的下降时期。与野蛮时代以简单方式犯下的罪恶不同，现代文明制度的罪恶都具有虚伪的两面性特点，正如"贫困是由过剩本身产生的"[4]。"这种制度的成就所创造的是幸福的因素，但不是幸福。……当劳动还使人厌恶的时候，也就是说，当必须使人们停留在极端贫困的状态下才能使他们同意从事生产劳动的时候"[5]，幸福不会出现。基于此种认识，傅立叶主张废除资本主义制度，以和平的方式代之以更为合理的、以自由协作劳动为特点的和谐制度。

---

[1] [德]弗·恩格斯. 反杜林论[M]//中共中央马克思恩格斯列宁斯大林著作编译局编译. 马克思恩格斯文集(第9卷). 北京: 人民出版社, 2009: 310.

[2] [法]昂利·圣西门. 圣西门选集(第1卷)[M]. 王燕生, 徐仲年, 徐基恩, 等, 译. 北京: 商务印书馆, 1979: 277.

[3] [法]傅立叶. 傅立叶选集(第1卷)[M]. 赵俊欣, 等, 译. 北京: 商务印书馆, 2004: 77.

[4] [德]弗·恩格斯. 反杜林论[M]//中共中央马克思恩格斯列宁斯大林著作编译局编译. 马克思恩格斯文集(第9卷). 北京: 人民出版社, 2009: 276, 277.

[5] [法]傅立叶. 傅立叶选集(第1卷)[M]. 赵俊欣, 等, 译. 北京: 商务印书馆, 1979: 123.

第二，三大批判空想社会主义者劳动观的局限性。圣西门、傅立叶、欧文三位空想社会主义者站在资产阶级人本主义的立场上天才地揭示了未来社会劳动的一些真理，如"人人都必须劳动""劳动果实归劳动者阶级"等，并把劳动看作人乐生的需要。三大批判空想社会主义者尖锐地批判了资本主义雇佣劳动制度，敏锐地察觉到劳动和所有制之间的密切联系，并从社会规律的层面上探讨了资本主义私有制和雇佣劳动制度之间的关系，不仅为马克思、恩格斯创立科学的劳动观提供了思想资源，而且为无产阶级解放自己指明了努力的方向。但他们的批判仅仅是以18世纪启蒙思想的自然合理性为基础的人本主义道德批判，最终未能在科学的层面上发现资本主义雇佣劳动制的本质和发展规律，没能找到埋葬资本主义制度的现实途径，也没有找到推翻资本主义雇佣劳动制度以及催生新社会的现实力量——工人阶级。他们只是以自然理性的名义，以和平的方式，笼统地向整个社会呼吁，甚至主要是向统治阶级呼吁，所以他们的学说整体上只是一种空想，他们的希望也只能流于幻想！

马克思、恩格斯批判继承了以黑格尔为代表的德国古典哲学、以斯密和李嘉图为代表的英国古典政治经济学以及以19世纪英法批判空想社会主义者的劳动思想，形成了以感性物质劳动为基本内容的劳动实践观，奠定了唯物史观形成的理论基础，同时使马克思主义理论实现了"格式塔"式的转变。其一，马克思、恩格斯借鉴了黑格尔在哲学层面上对劳动的理解，即从主体的角度把劳动理解为一种具有自主性、目的性的自由活动，超越了斯密等单纯从经济学意义上把劳动理解为一种被强制的、谋生性的、非人的满足生理性需求的生产活动。其二，马克思、恩格斯借鉴了斯密等英国古典政治经济学家把劳动理解为一种满足劳动主体需求的客观物质性活动的思想，批判了黑格尔单纯把劳动理解为概念主体的一种精神活动的观点。其三，马克思、恩格斯吸取了批判空想社会主义者站在人的立场上看待劳动者、劳动和劳动产品之间的关系的思想，指明了劳动者在未来社会中对劳动资料、劳动产品的支配地位。这样，在马克思、恩格斯的哲学思想视界内，一方面劳动因为具有了主体内在自主性的自由特点，上升到形而上的层面，另一方面使德国古典哲学传统中形而上的道德实践增加了客观的物质性内容，在哲学的视域内，实现了劳动和实践的视界融合。

（二）马克思恩格斯劳动观的发展历程

依据马克思、恩格斯思想发展的内在理路，以马克思的"两大发现"为参照，我们可以把他们的劳动思想分为"两大发现"之前、唯物史观创立阶段、剩余价值理论创立阶段和马克思主义体系化阶段等四个时期。依据马克思、恩格斯劳动思想的演化以及内在逻辑发展理路，他们的劳动思想相应体现为异化劳动、物质生产劳动、雇佣劳动以及自由劳动四个核心范畴。依据恩格斯《致弗拉基米尔·雅可夫列维奇·施穆伊洛夫》和马克思在《〈政治经济学批判〉序言》[1]中的相关论述，我们可以把《关于费尔巴哈的提纲》和《德意志意识形态》作为唯物史观创立前后的分界。依据马克思《致斐迪南·拉萨尔》的内容陈述[2]，我们可以把《资本论》第一手稿——《1857—

---

[1] "关于历史唯物主义的起源，在我看来，您在我的《费尔巴哈》(《路德维希·费尔巴哈和德国古典哲学的终结》)中就可以找到足够的东西——马克思的附录其实就是它起源！其次，在《宣言》的序言（1892年柏林新版）和《揭露共产党人的案件》的引言中也可以找到。"见［德］弗·恩格斯. 恩格斯致弗拉基米尔·雅可夫列维奇·施穆伊洛夫（1893年2月7日于伦敦）[M]//中共中央马克思恩格斯列宁斯大林著作编译局编译. 马克思恩格斯文集（第10卷）. 北京：人民出版社，2009：647. 《德意志意识形态》实现了马克思、恩格斯与自己"从前的哲学信仰"的思想清算，由费尔巴哈人本主义唯物主义是信仰者转变为实践唯物主义即共产主义者。见［德］卡·马克思.《政治经济学批判》序言[M]//中共中央马克思恩格斯列宁斯大林著作编译局编译. 马克思恩格斯文集（第2卷）. 北京：人民出版社，1995：34. ——笔者注

[2] "1.它是15年的即我一生中的黄金时代的研究成果。2.这部著作第一次科学地表述了关于社会关系的重要观点。"见［德］卡·马克思. 马克思致斐迪南·拉萨尔（1858年11月12日于伦敦）[M]//中共中央马克思恩格斯列宁斯大林著作编译局编译. 马克思恩格斯文集（第10卷）. 北京：人民出版社，2009：167. ——笔者注

1858年经济学手稿》作为"两大发现"之间的分界。《资本论》第1卷出版之后，马克思、恩格斯的思想发展进入体系化阶段，故我们可以把1867年《资本论》第1卷出版之后的思想视为体系化阶段的表现。

1."两大发现"之前的劳动观

"两大发现"之前，马克思、恩格斯的劳动观集中体现在《1844年经济学哲学手稿》中。这一时期，马克思的劳动观属于人本主义思想逻辑下的异化劳动观。

第一，异化劳动的基本规定。异化劳动的基本规定具体表现在以下四个方面。

首先，工人同自己的劳动产品是一种异己的、对立的异化关系。马克思站在劳动的立场上，考察了国民经济学从来没有考察过的工人同他的劳动产品之间的关系，发现工人和他自己的劳动产品的关系是同一个"敌对的和相异的"对立物之间的关系。以资本的形式存在的劳动产品，作为工人劳动的对象化和现实化，却反过来支配和奴役工人。

其次，工人同自己的劳动活动也是一种异化关系。如果说劳动的产品是外化，那么生产本身必然是能动的外化。如果说作为劳动活动的对象化、外化、物化的产物的劳动产品和工人是一种异化关系，那么生产劳动产品的劳动活动本身和工人一定也是一种异化关系。劳动活动对工人来说不再是自主、自愿的，而是外在、强制的东西；工人在劳动活动中不是感到幸福，而是感到不幸；不再是肯定自己，而是否定自己。劳动本身也不再是满足人自身生命的一种需要，而是异化为满足劳动之外的吃、喝等肉体需要的一种手段。因此，在异化劳动中，如果说劳动产品的异化表现为对象世界对人的统治以及人和对象世界的分裂，那么劳动活动本身的异化则表现为人的生理性需要对享受和发展需要的支配以及人自身本质的分裂。

再次，人同自己的类本质是一种异化关系。根据异化劳动的前两个规定

二、马克思恩格斯劳动观的形成与确立

可以推出它的第三个规定：人同自己的类本质相异化。劳动是人的自由自觉的生命活动，也是人区别于动物的类本质。人按照美的规律，通过自由自觉的劳动活动在改造对象世界的劳动中，一方面自然界表现为人的"作品"和人的"现实"——人化的自然界；另一方面，人通过自己创造的对象世界直观自身，并在这种"能动的类生活"中证明自己是类存在物。工人和自己的劳动产品相异化，工人失去了自己创造的人化自然界，失去了劳动的对象，亦即失去了自己的无机身体。"异化劳动从人那里夺去了他的生产的对象，也就从人那里夺去了他的类生活……"[1]这样，人既丧失了他赖以实现其活动的对象世界，也丧失了自由的生命活动，异化劳动使人同自己的身体和人的类本质相异化。

最后，工人同资本家相异化。当人同自己的劳动产品、劳动活动以及类本质相对立的时候，在现实的世界中，人不仅同自身相对立，而且他也同他人相对立。人同人相异化。这里的"人"不是一般的人，而是工人，这里的"他人"也不是一般的他人，而是资本或资本人格化的资本家。当工人同自己的劳动产品、劳动活动以及类本质相对立的时候，这些东西都属于一个不同于工人自己的资本家，资本家就会占有这些东西。劳动产品的占有者资本家与劳动者工人相对立。

异化劳动的基本规定，揭示出工人同他的劳动产品和劳动活动的真实关系，揭示出国民经济学的劳动价值论的内在矛盾，国民经济学对劳动的看重仅仅止于理论和概念，在实践上他们实行的却是异化劳动的规律，即作为异化劳动积累的资本或私有财产的规律。[2]在异化劳动中，国民经济学只考察

---

[1] ［德］卡·马克思.1844年经济学哲学手稿［M］//中共中央马克思恩格斯列宁斯大林著作编译局编译.马克思恩格斯文集（第1卷）.北京：人民出版社，2009：163.

[2] "国民经济学虽然从劳动是生产的真正灵魂这一点出发，但是它没有给劳动提供任何东西，而是给私有财产提供了一切。……我们看到，这个表面的矛盾是异化劳动同自身的矛盾，而国民经济学只不过表述了异化劳动的规律罢了。"见［德］卡·马克思.1844年经济学哲学手稿［M］//中共中央马克思恩格斯列宁斯大林著作编译局编译.马克思恩格斯文集（第1卷）.北京：人民出版社，2009：166.
——笔者注

劳动时的工人，此时的工人与生产所需的马匹等牲畜没有任何区别，所以工人在劳动中得到的就不是作为人维持生存、为繁衍人类所必要的部分，而只是作为工人维持生存、为繁衍工人这个奴隶阶级所必要的那一部分。国民经济学不是把工人当作人，而是"把工人只当做劳动的动物"[1]！

第二，基于自由劳动的哲学、政治经济学和社会主义学说的初步结合。

从本质上看，马克思把工人的劳动鉴定为异化劳动，与人的类特性——自由自觉的劳动处于对立状态的、消极意义上或否定意义上的劳动，内在地包含着这样的逻辑理路："自由劳动—异化劳动—异化劳动的扬弃"，遵循着"肯定—否定—否定之否定"黑格尔式否定辩证法的逻辑演进原则。与"自由劳动—异化劳动—异化劳动的扬弃"的逻辑进路相一致，劳动主体也经历着这样的逻辑演进：人（真正的、具有类本质的人）—工人（异化的人）—人（真正占有了人的本质的人）。在劳动发展的这一逻辑链条中，工人——"现实的人"只是"异化劳动"的主体，是异化的人，与真正的人处于对立状态。这里，劳动作为一种自由自觉的活动是人作为类存在物的先验逻辑设定，而在资本主义社会中，人的这种先验本质被剥夺、被异化。因此，历史的任务就是要克服扬弃这种异化，共产主义[2]就是扬弃异化的结果。到那时，人恢复了自己的完整的本质，成为真正的人，成为类存在物。

自由劳动作为异化劳动的理论内核和逻辑前提，在性质上，是一种与异化劳动截然相反的劳动。如一枚硬币的两面，对异化劳动的批判昭示着对自

---

[1] [德]卡·马克思. 1844年经济学哲学手稿[M]//中共中央马克思恩格斯列宁斯大林著作编译局编译. 马克思恩格斯文集（第1卷）. 北京：人民出版社，2009：125.

[2] 在这个意义上，马克思把扬弃资本主义之后的共产主义定义为："共产主义是对私有财产即人的自我异化的积极的扬弃，因而是通过人并且为了人而对人的本质的真正占有；因此，它是人向自身、也就是向社会的即合乎人性的人的复归，这种复归是完全的复归，是自觉实现并在以往发展的全部财富的范围内实现的复归。这种共产主义，作为完成了的自然主义，等于人道主义，而作为完成了的人道主义，等于自然主义，它是人和自然界之间、人和人之间的矛盾的真正解决，是存在和本质、对象化和自我确证、自由和必然、个体和类之间的斗争的真正解决。它是历史之谜的解答，而且知道自己就是这种解答。"见[德]卡·马克思. 1844年经济学哲学手稿[M]//中共中央马克思恩格斯列宁斯大林著作编译局编译. 马克思恩格斯文集（第1卷）. 北京：人民出版社，2009：185. —— 笔者注

由劳动的肯定，因此，自由劳动与异化劳动有着相反的基本规定：其一，自由劳动是一种体现人的真正本质——类本质——生命本质的活动，是一种合目的性和合规律性相统一的活动。在自由劳动中，人与和自己的劳动产品、人与自己的劳动活动、人与自己的本质以及人与他人是一种统一的关系，不再是异化的对立物。其二，自由劳动是一种自觉、自愿、自主的活动。在自由劳动中，人的自我主体性和生命感得到彰显，而不再是迫于肉体生存的外在强制；在自由劳动中，劳动者体验到展现自己生命力和人生价值实现的幸福感，而不是生命丧失的不幸感和痛苦感。劳动成为人的内在需要，而不再是被动的外在强制性手段。其三，自由劳动实现了人与自然、人与人以及人与自己的多重统一，是实现了自然主义的人道主义和人道主义的自然主义的统一。

马克思对异化劳动理论的逻辑建构，体现出他站在劳动（工人）的立场上，运用费尔巴哈人本主义的唯物主义方法和原则，对英国古典政治经济学劳动价值论进行了否定性的批判[1]。马克思异化劳动理论直接针对英国古典政治经济学，揭示出资本主义社会的劳动过程以及劳动体系带来劳动工人非人化的异化现实，从哲学人本学的角度论证了未来共产主义社会的合理性。具体地说，在异化劳动中，工人同自己的劳动产品、劳动活动以及类本质相异化，工人既失去了自己的劳动对象——人化自然界，也失去了自身作为人之为人的本质——自由自觉的生命活动，在哲学的层面上把劳动和自然以及劳动和人联结在一起；人和人即工人同资本家相异化，资本家通过占有工人的对象化劳动积累资本，在一定程度上在经济学的领域内触及了（工人）劳动同（资本主义）所有制之间的关系；而异化劳动人本主义的先验逻辑设定，异化劳动、私有财产的扬弃以及人与自然、人与人矛盾的解决和自由劳

---

[1] 正如马克思在《1844年经济学哲学手稿》的"序言"中所陈述的那样："对国民经济学的的批判，以及整个实证的批判。全靠费尔巴哈的发现给它打下真正的基础。"见[德]卡·马克思. 1844年经济学哲学手稿[M]//中共中央马克思恩格斯列宁斯大林著作编译局编译. 马克思恩格斯文集（第1卷）. 北京：人民出版社，2009：112.——笔者注

动的实现，在社会主义学说的领域内以先验设定的方式为共产主义的实现指明了方向和道路，劳动和社会革命之间的内在关联呼之欲出。

因此，以"人"为核心的异化劳动理论，基于人本主义的自由劳动范畴实现了马克思主义研究思路中哲学、政治经济学和社会主义这三条主要线索的理论整合，尝试把三者结合在一起，形成一个互相论证、互为补充的理论整体，以改变过往英国古典政治经济学、德国古典哲学和英法空想社会主义三者间的分离状态。当然，这种刚刚开始的结合只是初步的、不完善的，而且还包含着诸多矛盾和理论缺陷，但它却预示了一个理论建构的新方向。

可以看出，此一时期，马克思所主张的作为类存在物的真正的人和作为人的类特性的自由自觉的劳动都被理想化、思辨化了。这种形式上以人和人的劳动为着眼点，实质上以一种价值悬设为出发点的抽象思辨的、人本主义的异化劳动观，虽然包含有把劳动看成人的本质，并认为人自身、自然界以及社会历史都在劳动中生成等合理思想，但实质上依然是一种隐性的唯心史观。

2. 唯物史观创立阶段的劳动观

在唯物史观创立阶段，马克思、恩格斯经由黑格尔，把传统经济学领域中的物质生产劳动提升到实践的层面；同时接受费尔巴哈运用感性原则对黑格尔思想中的唯心思辨色彩进行"主宾颠倒"，在唯物主义的基础上，赋予传统哲学实践观以物质生产劳动的客观物质内容。这样，在融合政治经济学和哲学的基础上，马克思、恩格斯形成了以物质生产劳动为基本内容的科学实践观，为唯物史观的诞生奠定了基础，实现了人类理论思维史上的革命性变革。

此一阶段，马克思、恩格斯的物质生产劳动观集中体现在《关于费尔巴哈的提纲》和《德意志意识形态》这两个文本中，具体观点如下。

第一，物质生产劳动观的基本内容。

首先，生产物质生活资料的活动是人和动物区别的标志，而不是意识、宗教或其他。这种物质生产活动既包括人从自然界获取生活资料的物质内容，也包括人从自然界获取生活资料的活动方式，即社会形式。"人们生产自己的生活资料，同时间接地生产着自己的物质生活本身。"[1]这里，从事物质生活资料生产的人指的是有"肉体组织"的、有生命的、现实的个人，不再是《1844年经济学哲学手稿》时期非历史的、抽象的类；物质生活资料的生产，指的是有血有肉的人现实地改造物质自然界的客观物质性活动，也不再是《1844年经济学哲学手稿》中抽象的"类特性"——先验预设中的"自由自觉的活动"。这种有肉体组织的、有生命的现实个人是全部人类历史的第一个前提。由人的肉体组织决定的自然性生理需要是引起人与自然关系的原始动因，是人进行物质生产活动的原发性动力，也是人作为生产主体具有受动性或自然制约性的自然基础。为此，马克思、恩格斯一再强调："任何历史记载都应当从这些自然基础以及它们在历史进程中由于人们的活动而发生的变更出发。"[2]这一点是从物质生活资料生产的物质内容方面讲的。

物质生活资料的生产又是以一定的方式进行的。有着肉体组织的人们用以生产自己的生活资料的方式就是生产方式。值得注意的是，个人肉体组织的再生产虽然是物质生活资料生产得以进行的必要前提，但这种生产在怎样的前提下、以怎样的方式进行，却完全取决于这些个人进行生产的物质条件。这些物质条件既是物质资料生产活动得以进行的物质前提，也是这些有着肉体组织的个人组织生产活动的物质基础。这些物质条件既决定着人们生产活动的方式，也决定着人们的生活方式。"人们用以生产自己的生活资料的方式，首先取决于他们已有的和需要再生产的生活资料本身的特性。这种生产方式不应当只从它是个人肉体存在的再生产这方面加以考察。更确切地

---

[1] [德]卡·马克思, 弗·恩格斯. 德意志意识形态[M]//中共中央马克思恩格斯列宁斯大林著作编译局编译. 马克思恩格斯文集(第1卷). 北京: 人民出版社, 2009: 519.

[2] [德]卡·马克思, 弗·恩格斯. 德意志意识形态[M]//中共中央马克思恩格斯列宁斯大林著作编译局编译. 马克思恩格斯文集(第1卷). 北京: 人民出版社, 2009: 519–520.

说，这是这些个人的一定的活动方式，是他们表现自己生命的一定方式、他们的一定的生活方式。"[1]所以，这些有着肉体组织的个人同时也是有着社会组织的个人，是在社会组织中进行着物质生活资料生产活动的个人，是具有社会属性的人。相对于由肉体组织决定的自然属性，由生产方式和生活方式决定的社会属性更能体现人和动物的区别。这是从物质生活资料生产的社会形式方面讲的。

其次，物质生活资料的生产活动是人类历史的开端和发源地，是一种由物质资料生产、人自身生产和社会关系生产组成的系统。物质生活资料的生产是人类历史的发源地，也是构成一切历史的基本条件。由个人肉体组织的再生产决定的、连续不断地进行的物质生活资料的生产和再生产构成人类历史。"能够生活"是人"创造历史"的第一个前提，而"为了生活，首先就需要吃喝住穿以及其他一些东西"[2]，这里，人的吃、喝、住、穿的需要是自然性生理需求，是物质生活资料生产的原发性的发生根源，也是推动人类历史进程的原始动力。这些需要的满足又会引起新的需要，而新产生的需要又会引起新的物质生产，循环往复。于是，这种伴随满足需要的活动而产生的新需要，与满足需要的活动一样，具有了社会历史的属性。由需要引发的物质生产活动，满足需要的同时又生产着新的需要，周而复始，生产和需要的矛盾运动成为推动人类历史发展的动力。正是从这个意义上，马克思批评费尔巴哈"把人只看做是'感性对象'，而不是'感性活动'"[3]，强调正是"这种连续不断的感性劳动和创造、这种生产，已是整个现存的感性世界的

---

[1] ［德］卡·马克思，弗·恩格斯. 德意志意识形态［M］//中共中央马克思恩格斯列宁斯大林著作编译局编译. 马克思恩格斯文集（第1卷）. 北京：人民出版社，2009：530.

[2] ［德］卡·马克思，弗·恩格斯. 德意志意识形态［M］//中共中央马克思恩格斯列宁斯大林著作编译局编译. 马克思恩格斯文集（第1卷）. 北京：人民出版社，2009：531.

[3] ［德］卡·马克思，弗·恩格斯. 德意志意识形态［M］//中共中央马克思恩格斯列宁斯大林著作编译局编译. 马克思恩格斯文集（第1卷）. 北京：人民出版社，2009：529.

基础"[1]。"这种连续不断的感性劳动"就是物质生活资料的生产和再生产。

物质生活资料的生产和再生产是人自身生存和人类社会发展的基础，但并不是社会生产的唯一。与这种生产同时发生的还包括人口自身的生产和社会关系的生产。这三种生产同时发生，相互影响、相互制约，共同构成社会生产系统不可分割的三个方面或三种内在组成"要素"，不能把它们理解为先后发生的不同阶段。在人口自身的生产中，既包括通过劳动的方式进行的人自身生命的生产，也包括通过生育的方式进行的他人生命的生产，即繁殖。社会关系的生产则是伴随物质资料生产和人口自身生产出现的人与自然以及人与人之间关系的生产。在《德意志意识形态》中，马克思恩格斯在完成了人类历史的三个原初关系的理论分析之后，对历史性的社会生产规定又进行了更深一层的理论抽象。两种生产（物质资料的生产和人口自身的生产）在本质上被指认为两种关系：通过劳动（物质资料的生产）而达到的自己生命的生产和通过生育而达到的他人生命的生产（人口自身的生产），"就立即表现为双重关系：一方面是自然关系，另一方面是社会关系；社会关系的含义在这里是指许多个人的共同活动……"[2]两种生产同时都表现为两种关系。在物质生活资料的生产中，一方面是人和物（自然对象）之间的历史的自然关系，另一方面，这种由人们的共同活动结合起来的生产，如劳动者共同活动的结合方式或生产的具体组织方式等等，又形成了人和人之间的历史的社会关系；在人自身的生产中，一方面是人与人之间的历史的自然血缘关系（如夫妻、父母子女关系），另一方面又是人与人之间历史地构成的社会关系（如氏族关系、民族关系、阶级关系等）。这样，马克思恩格斯就将以物质生产活动为核心的社会历史活动理解为社会关系，把社会存在的本质理解为关系。从纵向历时态的角度看，整个历史就是以物质生产为核心

---

[1] ［德］卡·马克思，弗·恩格斯. 德意志意识形态［M］//中共中央马克思恩格斯列宁斯大林著作编译局编译. 马克思恩格斯文集（第1卷）. 北京：人民出版社，2009：532.

[2] ［德］卡·马克思，弗·恩格斯. 德意志意识形态［M］//中共中央马克思恩格斯列宁斯大林著作编译局编译. 马克思恩格斯文集（第1卷）. 北京：人民出版社，2009：525.

的人和自然关系（自然史）以及人和人之间的关系（社会史）矛盾运动的历史；从横向共时态的角度看，人类社会就是以物质生产为基础的人与自然关系以及人与人之间关系组成的"自然—社会"复杂性系统。

再次，物质生产是精神（意识）生产的前提和基础，决定精神生产的产生、发展和本质。马克思、恩格斯从现实的、在一定条件下从事物质生产活动中的人出发，把他们看作是思想、意识的生产者，他们的物质生产活动即他们的现实生活过程构成思想、意识的内容。思想、意识是人们的现实物质生活过程"在意识形态上的反射、反响"。哪怕是"假象"或者"模糊幻象"，同样根源于人们现实的、历史的物质生产活动，同样是这种物质生活过程的"必然升华物"。就像商品拜物教，虽然以物（商品）和物（商品）之间关系掩盖了人（商品生产者）和人（商品生产者）之间的关系，但这种现象却是商品生产条件下物人格化、人格物化这种异化的社会现象在思想上的反映。"倒立"的映像源自"倒立"的社会经济生活过程！"不是意识决定生活，而是生活决定意识。"[1]这样，属于意识领域的道德、宗教等各种社会意识形态和社会意识形式便失去了独立存在的外观。这种从"人间升到天国"的考察方法，即从物质到精神的唯物主义的方法，是马克思主义研究历史的基本方法，与黑格尔及青年黑格尔派的"从天国降到人间"，即从精神到物质的唯心主义想象或抽象方法截然相反。从这个意义上说，马克思、恩格斯把"历史科学（广义的历史唯物主义）"理解为"描述人们实践活动和实际发展过程的真正的实证科学开始的地方"[2]，批判了黑格尔以及包括费尔巴哈在内的青年黑格尔派为各个历史时代提供"药方"和"公式"的抽象历史观。

显然，在物质生产劳动观的基础上，马克思、恩格斯在社会历史观的基

---

[1] [德]卡·马克思, 弗·恩格斯. 德意志意识形态[M]//中共中央马克思恩格斯列宁斯大林著作编译局编译. 马克思恩格斯文集(第1卷). 北京: 人民出版社, 2009: 525.

[2] [德]卡·马克思, 弗·恩格斯. 德意志意识形态[M]//中共中央马克思恩格斯列宁斯大林著作编译局编译. 马克思恩格斯文集(第1卷). 北京: 人民出版社, 2009: 526.

本问题即社会存在和社会意识的关系问题上,做出了唯物主义的回答,创立了唯物史观,与历史唯心主义划清了界限。因此,唯物史观实质上就是对基于物质生产劳动的社会生产系统的整体性认识。

第二,基于物质生产劳动的哲学、政治经济学和科学社会主义的内在融合。

在此一阶段,基于唯物史观的理论视界,马克思、恩格斯以分工为中介,在物质生产劳动的基础上,揭示了劳动与自然、劳动与社会、劳动与人自身以及劳动与所有制、劳动与革命之间现实的历史联系,把马克思主义哲学、经济学和科学社会主义实现为一个有机的理论体系。具体地说,唯物史观从物质生产劳动出发,在物质生产劳动的基础上,把人和动物区别开来,把自然和社会联结起来,自然以人化自然的形式进入社会历史,社会历史则从人和自然之间的物质交换开始记载,"人—自然—社会"的统一整体构成我们的生活世界或属人世界。在物质生产劳动的基础上,人和自然、人和社会以及人和人自身关系在人的观念中的反响,形成马克思恩格斯以唯物史观为核心的哲学世界观。

在唯物史观视域下,现实的人的物质生产劳动发展水平具体表现为农业劳动、工业劳动、商业劳动等不同部门劳动分工的发展程度。而分工从最初时起就内在地包含着对劳动工具、劳动材料等劳动条件的分配以及劳动产品在不同所有者之间的劈分,这也就意味着"分工使精神活动和物质活动、享受和劳动、生产和消费由不同的个人来分担这种情况不仅成为可能,而且成为现实"[1]。对劳动活动、劳动条件以及劳动产品在不同的个人之间分配就形成了所有制。"分工和所有制是相等的表达方式,对同一件事件,一个是就活动而言,另一个是就活动的产品而言。"[2]在现代的资本主义所有制

---

[1] [德]卡·马克思,弗·恩格斯. 德意志意识形态[M]//中共中央马克思恩格斯列宁斯大林著作编译局编译. 马克思恩格斯文集(第1卷). 北京:人民出版社,2009:535.

[2] [德]卡·马克思,弗·恩格斯. 德意志意识形态[M]//中共中央马克思恩格斯列宁斯大林著作编译局编译. 马克思恩格斯文集(第1卷). 北京:人民出版社,2009:536.

下，分工内含的矛盾以资本和劳动之间的极端分裂表现出来，资本占有一切的劳动条件和劳动产品、并主宰劳动活动本身，劳动者则因失去一切劳动条件成为抽象的个人，而劳动者个人共同活动形成的生产力则成为一种外在于他们的、异己的强制力量——资本的力量。因此，在这些一无所有的现代无产者联合起来通过革命重新占有他们共同劳动的生产力之前，"劳动本身只能在这种分裂的前提下存在"[1]。现代无产者联合起来消灭资本、夺取资产阶级政权的无产阶级革命运动，即"消灭现存状况的现实的运动"[2]，就是共产主义运动；而"使现存世界革命化，实际地反对并改变现存的事物"[3]的实践的唯物主义者，就是共产主义者；共产主义者通过革命的共产主义运动实现的社会理想或理想社会，就是共产主义社会。在这一社会里，劳动者将联合占有劳动条件和劳动产品，有计划地联合调控作为他们共同活动产物的客观社会力量——生产力，社会分工发生了根本转变，由自然分工进入自主分工，劳动者的劳动恢复了自主活动的本质，成为一种自觉、自愿的自由活动。

总之，在此一时期，马克思、恩格斯在物质生产劳动的基础上，确立了唯物史观，建立起科学彻底的唯物主义哲学体系。在唯物史观的理论视域下，以分工为中介，马克思主义哲学、政治经济学和科学社会主义内在地实现为一个有机整体，体现了马克思主义理论和无产阶级共产主义革命实践的内在统一。

---

[1] [德]卡·马克思，弗·恩格斯. 德意志意识形态[M]//中共中央马克思恩格斯列宁斯大林著作编译局编译. 马克思恩格斯文集(第1卷). 北京：人民出版社，2009：579.

[2] [德]卡·马克思，弗·恩格斯. 德意志意识形态[M]//中共中央马克思恩格斯列宁斯大林著作编译局编译. 马克思恩格斯文集(第1卷). 北京：人民出版社，2009：539.

[3] [德]卡·马克思，弗·恩格斯. 德意志意识形态[M]//中共中央马克思恩格斯列宁斯大林著作编译局编译. 马克思恩格斯文集(第1卷). 北京：人民出版社，2009：527.

3. 剩余价值理论创立阶段的劳动观

在剩余价值理论创立阶段，马克思在继承英国古典政治经济学劳动价值论的合理思想的基础上，创造性地提出"劳动二重性"，形成科学的劳动价值论，奠定了剩余价值理论形成的理论基础。

第一，马克思劳动价值论的基本内容。

此一阶段，马克思的劳动理论集中体现在《资本论》及其手稿（《经济学手稿（1857—1858）》、《经济学手稿（1861—1863）》和《经济学手稿（1863—1865）》）中，具体观点如下。

首先，劳动是一个历史性范畴，具有历时态特点。与斯密和李嘉图把劳动理解为生产使用价值的物质财富的自然形式[1]不同，马克思在唯物史观的指导下，把劳动理解为一个社会历史性范畴，尤其把资本生产方式下的劳动理解为的雇佣劳动[2]，批判了古典政治经济学家把资本生产方式自然化、永

---

[1] "虽然斯密认为劳动创造价值，但是他把劳动本身理解为使用价值，理解为自为存在的生产性，理解为一般的人类自然力，而不是把劳动理解为雇佣劳动……"。见［德］卡·马克思. 1857—1858年经济学手稿［M］//中共中央马克思恩格斯列宁斯大林著作编译局编译. 马克思恩格斯文集（第30卷）. 北京：人民出版社，1995：291. "现在来谈李嘉图。在他那里，也是把雇佣劳动和资本理解为生产作为使用价值的财富的自然形式，而不是历史上一定的社会形式……"见［德］卡·马克思. 1857—1858年经济学手稿［M］//中共中央马克思恩格斯列宁斯大林著作编译局编译. 马克思恩格斯文集（第30卷）. 北京：人民出版社，1995：292. —— 笔者注

[2] 这一点恩格斯在为《资本论》第一卷所作书评中早已指出："在这本著作出现以后，已不可能把奴隶劳动、农奴劳动和自由的雇佣劳动在经济上等量齐观了；不可能把对于以自由竞争为特征的现代大工业有效的规律，直截了当地搬到古代的关系或中世纪的行会上去，或者当这些现代的规律不适合于先前的关系时简单地宣布后者为异端。所有一切民族中，德国人是最具有（而且也许差不多是唯一具有）历史观念的，因此正又是德国人在政治经济学领域中也发现了历史的联系，这是完全合乎情理的。"见［德］弗·恩格斯. 卡·马克思"资本论"第一卷书评——为"杜塞尔多夫日报"作［M］//中共中央马克思恩格斯列宁斯大林著作编译局编译. 马克思恩格斯文集（第16卷）. 北京：人民出版社，1964：245. —— 笔者注

恒化[1]的观点。

唯物史观创立之后，马克思恩格斯把这一研究成果作为方法论应用于对资本生产方式及其发展规律的具体分析中。在唯物史观的视域下，作为人类社会生存和发展基础的物质生产活动，在现实生产过程中具体体现为人和自然之间以及人和人之间的关系。在《1857—1858年经济学手稿》中，马克思进一步把这些关系具体化为三个历史阶段：人对人的依赖、人对物的依赖以及人自由全面发展的阶段。[2]据此，人类社会经济形态依次经历自然经济、商品经济和产品经济三种形式，与此相适应，人类社会依次经历前资本主义、资本主义和共产主义三种社会形态。与三种社会经济形态相适应，并作为三种社会形态存在和发展基础的物质生产劳动，依次经过被动劳动、雇佣劳动和自由劳动三个历史阶段，呈现出历时态的特点。

其次，在商品经济形态下，生产商品的劳动是具体劳动和抽象劳动的统一，具有二重性的特点。商品经济相对于自然经济而言，商品生产相对于产品生产，以社会分工[3]为前提，以交换为特点。交换古已有之，只是发展

---

[1] "李嘉图还把劳动的资产阶级形式看成是社会劳动的永恒的自然形式。他让原始的渔夫和原始的猎人一下子就以商品所有者的身分，按照对象化在鱼和野味的交换价值中的劳动时间的比例交换鱼和野味。在这里他犯了时代错误，他竟让原始的渔夫和猎人在计算他们的劳动工具时去参看1817年伦敦交易所通用的年息表。"见［德］卡·马克思. 1859—1861年经济学著作和手稿［M］//中共中央马克思恩格斯列宁斯大林著作编译局编译. 马克思恩格斯文集（第31卷）. 北京：人民出版社，1998：454-455. ——笔者注

[2] "人的依赖关系（起初完全是自然发生的），是最初的社会形式，在这种形式下，人的生产能力只是在狭小的范围内和孤立的地点上发展着。以物的依赖性为基础的人的独立性，是第二大形式，在这种形式下，才形成普遍的社会物质变换、全面的关系、多方面的需要以及全面的能力的体系。建立在个人全面发展和他们共同的、社会的生产能力成为从属于他们的社会财富这一基础上的自由个性，是第三个阶段。第二个阶段为第三个阶段创造条件。因此，家长制的，古代的（以及封建的）状态随着商业、奢侈、货币、交换价值的发展而没落下去，现代社会则随着这些东西同步发展起来。"见［德］卡·马克思. 1857—1858年经济学手稿［M］//中共中央马克思恩格斯列宁斯大林著作编译局编译. 马克思恩格斯文集（第30卷）. 北京：人民出版社，1995：107-108. ——笔者注

[3] "分工作为一切特殊的生产活动方式的总体，是从物质方面、作为生产使用价值的劳动来考察的社会劳动的总体形式。"见［德］卡·马克思. 政治经济学批判［M］//中共中央马克思恩格斯列宁斯大林著作编译局编译. 马克思恩格斯文集（第30卷）. 北京：人民出版社，1962：41. ——笔者注

到资本主义社会的时候，才得到充分发展，"交换延及一切生产关系"[1]。交换不仅表现为商品和商品之间的交换，而且表现为"劳动与商品的交换"[2]。劳动力成为商品，交换普遍化，商品生产阶段性部分质变为具有资本主义性质的商品生产。质言之，资本主义生产是商品经济的发达形态或成熟形态。

商品是商品经济的基本细胞，是资本主义生产方式下构成社会财富的基本元素。相对于产品，商品是个二重物，是使用价值和交换价值即物质内容和社会形式的统一体，具有二重性的特点。一方面，作为劳动产品，商品具有能够满足人的某种需要的有用性，即具有使用价值，体现商品的自然属性和人的需要之间的关系。在这个意义上，商品的使用价值直接就是生活资料，即财物，在使用或消费中得到实现。离开使用价值，商品体就失去了存在的意义。另一方面，商品作为以交换为目的的劳动产品，具有交换价值的特点。交换价值是一种使用价值和另一种使用价值相交换时的量的比例关系，这个比例会随着社会生产力的发展水平以及时间、地点等自然条件的不同而变化。因此，相对于使用价值基于商品自然属性的质的稳定性，交换价值是一种基于商品社会属性的量的"偶然的、纯粹相对的东西"[3]。换言之，不同商品的交换价值之间没有任何质的区别，有的只的量的差别。与使用价值表示商品的物质性内容方面相比，交换价值表示商品的社会性形式。这种形式抽去了与商品使用价值相关的各种物理的、化学的等等自然属性，表达商品交换双方即人与人之间一定的社会性关系，是商品的社会属性。

商品在使用价值和交换价值上的不同特点是由生产商品的劳动的不同特

---

[1] [德]卡·马克思. 1857—1858年经济学手稿[M]//中共中央马克思恩格斯列宁斯大林著作编译局编译. 马克思恩格斯文集（第30卷）. 北京：人民出版社，1995：106.——笔者注

[2] "最大的交换，不是商品的交换，而是劳动同商品的交换。"[德]卡·马克思. 1857—1858年经济学手稿[M]//中共中央马克思恩格斯列宁斯大林著作编译局编译. 马克思恩格斯文集（第30卷）. 北京：人民出版社，1995：105.——笔者注

[3] [德]卡·马克思. 资本论（第1卷）[M]. 中共中央马克思恩格斯列宁斯大林著作编译局编译. 北京：人民出版社，2004：49.

点决定的。生产商品的劳动的二重性决定商品的二重性。从使用价值的角度看，生产商品有用性的是具体的对象化劳动，如木匠、瓦匠、纺纱等等各种不同的、特殊的具体劳动。从交换价值的角度看，生产商品的各种不同的具体劳动不再有任何差别，全部都表现为相同的、一般的抽象劳动——对象化在商品中无差别的人类劳动量。"生产交换价值的劳动实现在作为一般等价物的商品的相同性上，而作为有目的的生产活动的劳动实现在商品的使用价值的无限多样性上。生产交换价值的劳动是抽象一般的和相同的劳动，而生产使用价值的劳动是具体的和特殊的劳动，它按照形式和材料分为无限多的不同的劳动方式。"[1]这种抽象劳动，是无差别的人类劳动的单纯凝结。生产使用价值的劳动是不同个人的活动，是个别的、特殊的具体劳动，生产交换价值的劳动则是没有劳动者个性的劳动，是相同的、无差别的、一般的抽象劳动。具体劳动侧重劳动的质，体现劳动过程中人和自然之间的关系，抽象劳动侧重劳动的量，体现劳动过程中人和人之间的关系。具体劳动和抽象劳动不是两种不同的劳动过程，而是同一个劳动过程的不同侧面，体现同一个劳动过程的不同属性。值得一提的是，既然对象化的劳动量（抽象劳动）的计量是商品交换的前提和基础，那么商品经济尤其是商品经济的发达或成熟形态——资本主义商品经济，必然是建立在交换价值基础上的经济形态。抽象劳动或价值量的计量就成为必要。

抽象劳动或价值量如何计量？在日常生活中，个人具体劳动的劳动量一般用一定单位如小时、日等的劳动时间来计量，即个别劳动时间。但抽象劳动不能使用此种通常的计量方法。因为具体劳动和抽象劳动二者的性质有着根本性的不同。具体劳动，比如不论是纺织劳动还是裁缝劳动，从性质上都是属于商品生产者自己的私人劳动。在商品生产的社会分工体系中，商品作为社会劳动物化的使用价值，就不再是为生产者自己生产使用价值，而是为自己以外的其他人（社会）生产使用价值。因此，抽象劳动在性质上属于社

---

[1] [德]卡·马克思. 1859—1861年经济学著作和手稿[M]//中共中央马克思恩格斯列宁斯大林著作编译局编译. 马克思恩格斯文集（第31卷）. 北京：人民出版社，1998：428. ——笔者注

会劳动[1]，体现的是社会平均劳动力的耗费。计量抽象劳动的劳动时间也只能使用社会平均劳动时间或社会必要劳动时间[2]，而不再是个别商品生产者生产使用价值所需的个别劳动时间。

具体劳动能否还原为抽象劳动，商品使用价值能否实现为交换价值，关键在于商品的使用价值能否满足社会的需要。从这个意义上讲，生产商品交换价值的抽象劳动实质上体现的是劳动的社会性，生产商品使用价值的具体劳动体现的是劳动的自然性。前者体现由商品生产系统生产出来的人和人之间的社会关系和社会需求体系，后者体现由商品生产系统生产出来的人和自然之间的物质关系体系。前者体现劳动的社会形式，后者体现劳动的物质内容。

再次，在资本生产方式下，生产商品的劳动在性质上属于雇佣劳动。劳动资料和劳动者相分离并迅速集中于少数人手中的过程，是原始资本积累过程，也是资本主义生产方式确立的历史前提。中世纪后半期的欧洲，与生产资料分离的劳动者，一方面农奴因解除了与封建社会最重要的生产资料——土地之间的依附性租佃关系而失去生活资料的唯一来源，变得一无所有；另一方面却因与家庭、宗族以及封建领主等等之间的各种自然性或社会性人身依附关系的解体而拥有了人身自由。自由的一无所有的劳动者不得不把自己

---

[1]　"产品作为商品的性质，或商品作为按资本主义生产方式生产出来的商品的性质，就会得出全部价值决定和价值对全部生产的调节作用。在这个十分独特的价值形式上，一方面，劳动只作为社会劳动起作用；另一方面，这个社会劳动的分配，它的产品的互相补充，它的产品的物质变换，它从属于和被纳入社会的传动机构，这一切却听任资本主义生产者个人偶然的、互相抵消的冲动去摆布。……在这里，价值规律不过作为内在规律，对单个当事人作为盲目的自然规律起作用，并且是在生产的偶然波动中，实现着生产的社会平衡。"见［德］卡·马克思. 资本论（第3卷）［M］. 中共中央马克思恩格斯列宁斯大林著作编译局编译. 北京：人民出版社，2004：996.——笔者注

[2]　"体现在商品世界全部价值中的社会的全部劳动力，在这里是当作一个同一的人类劳动力，虽然它是由无数单个劳动力构成的。每一个这种单个劳动力，同别一个劳动力一样，都是同一的人类劳动力，只要它具有社会平均劳动力的性质，起着这种社会平均劳动力的作用，从而在商品的生产上只使用平均必要劳动时间或社会必要劳动时间。社会必要劳动时间是在现有的社会正常的生产条件下，在社会平均的劳动熟练程度和劳动强度下制造某种使用价值所需要的劳动时间。"见［德］卡·马克思. 资本论（第1卷）［M］. 中共中央马克思恩格斯列宁斯大林著作编译局编译. 北京：人民出版社，2004：52.——笔者注

唯一的所有物——劳动力出卖给少数生产资料的所有者。劳动力成为商品。生产资料的所有者把自己已经拥有的生产资料和购买来的劳动力商品共同投入生产过程，获取剩余劳动（剩余价值）。这一过程是资本生产方式下的物质生产劳动过程，也是资本消费、使用劳动力商品获取剩余价值的过程。生产资料和劳动力等生产要素均以获取剩余价值的资本形式存在。在这一过程中，资本统治、支配劳动，并占有劳动成果，劳动成为资本雇佣下的劳动，即雇佣劳动。劳动成为资本的附庸，资本人化；劳动力成为商品，雇佣劳动者——工人物化！资本生产方式得以确立。值得注意的是，生产资料和劳动者之间的分离不仅仅只出现在原始资本积累时期，也不仅仅只是作为资本生产方式确立的史前前提，而是贯穿资本生产方式的发展全程，成为资本生产方式发展的经常趋势和内在规律。[1] 资本和雇佣劳动之间的矛盾成为资本生产方式的核心矛盾。

在唯物史观的历史视野下，剩余价值理论认为，资本雇佣劳动是资本生产和资本增殖的前提，资本生产方式下资本和劳动表面上的平等交换关系，实质上掩盖了资本剥削[2]雇佣劳动以获取剩余价值的不平等关系[3]。在现实社会中，资本雇佣劳动的关系，具体表现为资本人格化的资本家阶级和雇佣劳动人格化的工人阶级之间的阶级关系。所以，通过工人阶级社会革命的方式

---

[1] "资本主义生产方式的经常趋势和发展规律，是使生产资料越来越同劳动分离，使分散的生产资料越来越大量积聚在一起，从而，使劳动转化为雇佣劳动，使生产资料转化为资本。"见[德]卡·马克思. 资本论（第3卷）[M]. 中共中央马克思恩格斯列宁斯大林著作编译局编译. 北京：人民出版社，2004：1001.——笔者注

[2] "每一个社会主义的工人，不论是哪一个国家的，都很清楚地知道：暴力仅仅保护剥削，但是并不造成剥削；资本和雇佣劳动的关系才是他受剥削的基础，这种关系是通过纯经济的途径而决不是通过暴力的途径产生的。"见[德]弗·恩格斯. 反杜林论[M]//中共中央马克思恩格斯列宁斯大林著作编译局编译. 马克思恩格斯文集（第9卷）. 北京：人民出版社，2009：160.——笔者注

[3] "资本家和雇佣工人的关系在生产过程的进行中发生了变化……资本发展成为一种强制关系，迫使工人阶级超出自身生活需要的狭隘范围而从事更多的劳动。作为他人辛勤劳动的制造者，作为剩余劳动的榨取者和劳动力的剥削者、资本在精力、贪婪和效率方面，远远超过了以往一切以直接强制劳动为基础的生产制度。"见[德]卡·马克思. 资本论（第1卷）[M]. 中共中央马克思恩格斯列宁斯大林著作编译局编译. 北京：人民出版社，2004：358-359.——笔者注

废除资本雇佣劳动,实现自由劳动,是工人阶级摆脱资产阶级剥削实现自身解放的唯一途径。

第二,基于科学劳动价值理论的马克思主义哲学、政治经济学和科学社会主义的视界融合。

商品二要素和劳动二重性理论,实质上是在人与自然和人与人之间关系两个维度上考察商品经济形态下的劳动产品和劳动活动,是成功运用历史唯物主义方法分析具体问题的典范。

在唯物史观的历史性视野中,劳动不仅是一个物质性内容和社会性形式辩证统一的矛盾整体,而且二者的内在矛盾运动使劳动过程本身呈现为一个历时态的发展过程,即人类社会发展过程。劳动辩证法构成历史辩证法的实质内容。正如恩格斯所言:劳动发展史是理解人类社会发展史的钥匙。唯物史观认为,满足人们物质需求的生产劳动不仅生产了劳动产品,而且生产了劳动者本身以及他们之间、他们和自然之间的自然性和社会性关系。这样,劳动过程必然不仅是人和自然界之间物质、能量和信息的交换过程,同时也是人和人之间社会性关系的形成过程,前者形成劳动过程的物质性内容——生产力,后者形成劳动的社会性形式——生产关系,两者的矛盾运动推动人类社会由低级向高级发展。以此为基础,进而把资本主义生产方式下的劳动过程理解为生产使用价值的具体劳动和生产交换价值的抽象劳动的统一过程,超越了英国古典政治经济学家单纯从人和自然关系角度理解劳动活动的非历史性和永恒性。以具体劳动和抽象劳动相统一的"劳动二重性"为核心的马克思主义劳动理论的形成,奠定了马克思主义劳动价值理论形成的基础,也为揭示资本生产方式下雇佣劳动的秘密——资本剥削雇佣劳动的剩余价值理论的形成奠定了理论根基。在哲学与政治经济学视界融合的基础上,马克思、恩格斯的理论体系逐步走向科学。这样,在科学劳动价值论和剩余价值理论的指导下,马克思、恩格斯为工人阶级解放自身指明了方向,实现了马克思主义哲学、经济学和科学社会主义的视界融合。

基于商品二要素和劳动二重性的理论思维视角,马克思批评了以斯密、李嘉图为代表的英国古典经济学只是从生产使用价值的角度理解劳动，即只是从人和自然关系的角度理解劳动，从而不可能从根本上揭示商品经济形态，尤其是成熟的商品经济形态——资本生产方式的秘密。相对于斯密和李嘉图把衡量商品价值尺度的"劳动一般"理解为生产使用价值的各种具体劳动的一般抽象，马克思则把"劳动一般"进一步深化，从社会分工体系下劳动社会形式的角度理解生产使用价值的各种具体劳动的共同性，即把生产商品交换价值的无差别的人类劳动——抽象劳动理解为社会劳动，找到了商品交换的内在价值尺度。马克思说："商品中包含的劳动的这种二重性，是首先由我批判地证明的。这一点是理解政治经济学的枢纽。"[1]这一理论发现突破了英国古典政治经济学劳动价值论的理论阈限，找到了抽象劳动这一价值实体，为科学劳动价值论的形成奠定了理论基础，在通往发现剩余价值的道路上迈出了关键性的一步。

相较于前一阶段，马克思、恩格斯此时更注重劳动社会形式的分析和历史性内涵的开掘，劳动思想更为丰富、深刻；并以资本和雇佣劳动的关系为核心揭示出资本主义社会的基本矛盾——生产资料资本占有和劳动社会化之间矛盾，以及这一矛盾的直接体现——资产阶级和作为雇佣工人的无产阶级之间的矛盾，找到了资本主义社会发展的内在动力，奠定了科学预测资本主义社会未来发展走向的理论根基。

4. 马克思主义体系化阶段的劳动观

这一阶段的马克思、恩格斯的劳动思想更为系统化，不仅从哲学的一般层面阐述了劳动与自然的关系以及劳动对人和社会的根本性意义，而且把劳动思想（理论）和未来社会具体劳动制度设定（实践）联系起来，为未来共产主义社会的基本制度建设提供了方向性和原则性指导。

---

[1] [德]卡·马克思. 资本论（第1卷）[M]. 中共中央马克思恩格斯列宁斯大林著作编译局编译. 北京：人民出版社，2004: 54–55.

二、马克思恩格斯劳动观的形成与确立

这一时期的马克思、恩格斯的劳动观集中体现在马克思的《哥达纲领批判》和恩格斯的《反杜林论》以及《自然辩证法》中，具体表现在如下几个方面。

首先，劳动创造了人本身，劳动创造了社会。我们的祖先在从猿到人转变的几十万年中，由于劳动，首先是使猿的手变成了人的手。"手不仅是劳动的器官，它还是劳动的产物。"[1]其次，随着劳动器官——手以及劳动活动本身的发展，一方面，在人和自然的关系上，人们的眼界更为开阔，人对自然对象的认识不断加深；另一方面，在人和人的关系上，社会成员之间互相支持和协作更为频繁，彼此交流和传递信息的需要促使猿的喉头发展为人的喉头，猿的语言发展为人的语言。再次，在语言和劳动的共同推动下，猿的脑髓发展为人的脑髓，猿的感官发展为人的感官，猿的动物心理发展为人的意识。猿变成了人，猿的群变成了人的社会。正是在这个意义上，恩格斯说："劳动创造了人本身。"[2]也是在这个意义上，人与自然以及人与人之间相互制约、相互作用的基础和中介——劳动，成为人类社会和猿群乃至人和动物相区别的基本特征和标志。

其次，劳动作为整个人类生活的第一个基本条件，和自然界一起共同成为一切社会财富的源泉。构成社会存在和发展基础的物质生产劳动都是具有一定社会性和历史性的社会劳动——社会生产，即人们在一定的社会历史条件下所进行物质资料的生产方式，而不是抽象的劳动。在这一时期，马克思、恩格斯基于之前对资本主义雇佣劳动本质的认识，特别是针对英国古典政治经济学家关于劳动是一切财富的源泉的观点，马克思、恩格斯指出自然界为劳动提供材料，劳动只是把材料转变为财富，强调"劳动和自然界在一

---

[1] [德]弗·恩格斯. 劳动在从猿到人的转变中的作用[M]//中共中央马克思恩格斯列宁斯大林著作编译局编译. 马克思恩格斯文集（第9卷）. 北京：人民出版社，2009：552.

[2] [德]弗·恩格斯. 劳动在从猿到人的转变中的作用[M]//中共中央马克思恩格斯列宁斯大林著作编译局编译. 马克思恩格斯文集（第9卷）. 北京：人民出版社，2009：550.

起才是一切财富的源泉"[1]。因为劳动本身只是一种自然力的表现，劳动必须与劳动对象和生产资料相结合，才能创造财富。离开了自然界，失去了劳动资料和劳动对象的、孤立的劳动，既不能创造财富，也不能创造文化。物质财富和文化是由社会劳动而不是一般的抽象劳动创造的，生产只有作为生活生产才能存在，孤立的、存在于社会之外的个人的劳动，既不能创造财富，也不能创造文化。雇佣工人的雇佣劳动就是这样一种非现实的、抽象的、孤立的劳动。资产阶级政治经济学家们和拉萨尔派所主张的"劳动是一切财富和文化的源泉"的观点，把社会劳动抽象为一般劳动的做法，掩盖了劳动的物质制约性以及资本家通过占有生产资料剥削雇佣工人这一社会现象的经济基础，进而否认马克思主义阶级斗争学说，使雇佣工人阶级离开革命斗争与这种剥削制度相妥协。

再次，废除以生产资料资本主义私人占有制为基础的雇佣劳动制度，重建社会所有制即生产资料公有制。正像以往小生产由于自身的发展而必然造成消灭自身，即剥夺小私有者的条件一样，现在资本主义生产方式也在造成使自己必然走向灭亡的物质条件。正如资本主义私有制否定了以自己劳动为基础的分散的个人私有制一样，社会所有制也是对以社会生产为基础的资本主义私有制的否定。人类社会是一个以社会物质生产为基础的否定之否定的历史发展过程。

社会所有制是对生产资料资本主义私人占有制的否定，是在资本主义社会化大生产创造的社会生产力、资金和环境等物质前提的基础上，在自由劳动者的自觉分工、协作与计划生产等新型关系的基础上，在生产资料公有制的基础上，重新建立的所有制形式。这种社会所有制对于土地和其他生产资料，主要采取社会所有制，而对于生活资料的个人消费品，则采取个人所有制。

最后，在共产主义社会的高级阶段，劳动不仅仅是谋生的手段，而且成

---

[1] [德]弗·恩格斯. 劳动在从猿到人的转变中的作用[M]//中共中央马克思恩格斯列宁斯大林著作编译局编译. 马克思恩格斯文集(第9卷). 北京：人民出版社，2009：550.

为生活第一需要。脑力劳动和体力劳动的对立消失，由自然分工和工厂制度导致的畸形、片面的异化劳动消失，自由人联合体中的每个人将自由全面发展[1]，集体财富的一切源泉将充分涌流。随着共产主义社会的生产方式的产生，同时也产生了"各尽所能、按需分配"[2]的产品分配的方式方法。[3]生产劳动也不再是一种单纯的提高社会生产的方法，而且同智育和体育相结合，成为造就全面发展的人的唯一方法。

在共产主义社会的第一阶段——社会主义阶段实行按劳分配的分配方式。"每一个生产者，在作了各项扣除以后，从社会领回的，正好是他给予社会的，他给予社会的，就是他个人的劳动量。"[4]在原则上，按劳分配与资本主义社会的按资分配根本对立，虽然在实质上按劳分配依然是一种资产阶级权利。按劳分配体现了马克思、恩格斯在消费资料公平分配方面的构想和追求。

此一时期，马克思、恩格斯的劳动思想更多地体现出理论和实践相统一的特点，体现出共产主义者即实践的唯物主义者的特点，更多地把劳动理论运用于对资本生产方式下工人悲惨命运的原因剖析，以及建构公平、合理的未来共产主义社会的生产和分配制度，为无产阶级乃至全人类的解放指明了方向。

---

[1] "正如我们在罗伯特·欧文那里可以详细看到的那样，从工厂制度中萌发出了未来教育的萌芽，未来教育对所有已满一定年龄的儿童来说，就是生产劳动同智育和体育相结合，它不仅是提高社会生产的一种方法，而且是造就全面发展的人的唯一方法。"见[德]卡·马克思. 资本论（第1卷）[M]. 中共中央马克思恩格斯列宁斯大林著作编译局编译. 北京：人民出版社，2004：556-557.——笔者注

[2] [德]卡·马克思. 哥达纲领批判[M]//中共中央马克思恩格斯列宁斯大林著作编译局编译. 马克思恩格斯文集（第3卷）. 北京：人民出版社，2009：436.

[3] "随着历史上一定社会的生产和交换的方式和方法的产生，随着这一社会的历史前提的产生，同时也产生了产品分配的方式方法。"见[德]弗·恩格斯. 反杜林论[M]//中共中央马克思恩格斯列宁斯大林著作编译局编译. 马克思恩格斯文集（第9卷）. 北京：人民出版社，2009：154.——笔者注

[4] [德]卡·马克思. 哥达纲领批判[M]//中共中央马克思恩格斯列宁斯大林著作编译局编译. 马克思恩格斯文集（第3卷）. 北京：人民出版社，2009：434.

（三）马克思恩格斯劳动观的主要内容

我们可以从劳动的构成要素、基本性质、历史发展以及内在机制等多个角度、多个侧面理解马克思恩格斯的劳动观。

1. 劳动的复杂性构成

从物质内容或构成要素的角度看，劳动是一个由劳动者、劳动对象和劳动资料构成的复合系统。从其展开过程来看，这是一个劳动者凭借劳动资料作用于劳动对象的有目的的活动。

唯物史观视域下，劳动涉及人和自然之间以及人和人（社会）之间两方面的关系，它们之间的矛盾运动推动人类社会历史由低到高向前发展。其中，人和自然之间的关系方面涉及的是劳动的物质性内容；人与人之间的关系方面涉及的是劳动的社会性形式。分析劳动的构成要素，实际上就是撇开劳动的某种具体社会性形式，单纯考察为人类社会一切社会形式所共有的物质性内容。

撇开劳动特定的社会历史形式，从不同社会历史形式所共有的"人和自然之间的过程"出发，劳动"是人以自身的活动为中介、调整和控制人和自然之间的物质变换的过程"[1]。通过劳动过程，把自然物质变成能够满足人的某种需要的经济产品。为此，从人和自然之间物质变换的过程看，劳动的简单要素涉及两个方面："一边是人及其劳动，另一边是自然及其物质，这

---

[1]　[德]卡·马克思. 资本论（第1卷）[M]. 中共中央马克思恩格斯列宁斯大林著作编译局编译. 北京：人民出版社，2004：207-208.

就够了"[1]。其中，"人及其劳动"的方面就是从事着"有目的的活动或劳动本身"[2]的人即主体，"自然及其物质"方面则包括作为"劳动对象"的客体以及作为主体作用于客体对象的中介工具系统"劳动资料"[3]。

劳动的主体，是从事有目的的活动或劳动本身的人。劳动的主体是人，但并非只要是人就是主体，只有从事或进行有目的的活动的人才是主体。"有目的的活动"是在与动物无目的的本能活动相区别的层面上，强调劳动的意识性、目的性、计划性和创造性。意识性是劳动目的性的前提。意识性使劳动主体既能把握主体自身的需要，也能认识客体对象的本质和规律，使人的劳动超越动物直接的肉体需要，"懂得按照任何一个种的尺度来进行生产，并且懂得处处都把固有的尺度运用于对象；因此，人也按照美的规律"[4]构造、再生产整个自然界。目的性是劳动目的性的核心。目的贯穿劳动活动的始终，劳动的整个过程都围绕目的进行。目的源于主体的内在需要，借助意识，呈现主体要什么、不要什么、选择什么、不选择什么的内在意愿，表现主体劳动的选择性。计划性是目的性的具体化。通过计划的制定，劳动的目的性具体化为可操作的行动方案。创造性是劳动意识性、目的性、计划性的综合表现。主体结合自身需要和客体对象特点，设定目标，制

---

[1] ［德］卡·马克思. 资本论（第1卷）[M]. 中共中央马克思恩格斯列宁斯大林著作编译局编译. 北京：人民出版社，2004：215.

[2] ［德］卡·马克思. 资本论（第1卷）[M]. 中共中央马克思恩格斯列宁斯大林著作编译局编译. 北京：人民出版社，2004：208.

[3] "劳动过程的简单要素是：有目的的活动或劳动本身，劳动对象和劳动资料。"见［德］卡·马克思. 资本论（第1卷）[M]. 中共中央马克思恩格斯列宁斯大林著作编译局编译. 北京：人民出版社，2004：208.——笔者注

[4] ［德］卡·马克思. 1844年经济学哲学手稿[M]//中共中央马克思恩格斯列宁斯大林著作编译局编译. 马克思恩格斯文集（第1卷）. 北京：人民出版社，2009：163.

定计划，创造出客观世界原来没有的东西，使自然对象合乎主体需要。[1]可以看出，劳动活动目的性是主体的认知自觉、情感自愿、意志自制在劳动活动中的综合体现。劳动活动的有目的性即主体性。

劳动对象是劳动所指向的、并加以改造的对象，也是劳动主体本质力量对象化的目标，如土地、自然存在物、原料等。土地提供给人类生存和生活的基本条件[2]，在这个意义上，我们可以说：土地是生命之母，也是财富之母。自然存在物，一般指可以与土地脱离直接联系、能够直接为人所用的、现成的自然存在物，如从水中捕获的鱼，在原始森林中砍伐的树木，或从地下直接开采的矿石，等等。在前资本主义社会，劳动对象主要是自然存在物。资本主义社会之后，原料成为主要的劳动对象，自然存在物一般以原材料的形式存在。原料是被以前的劳动处理过或者说过滤过的、已经发生了变化的劳动对象，如已经开采出来、正在洗的矿石。原料可以是劳动的成品，也可以是劳动的半成品。

劳动资料是劳动主体改造劳动对象的物质中介和手段，也是劳动活动所需要的物质条件。[3]劳动者借助劳动资料机械的、物理的或化学的属性作用于劳动对象，使其发生合乎自身预期目的的变化。劳动资料有狭义和广义之分。狭义上的劳动资料一般可区分为机械性的劳动资料和容器性的劳动资料两种类型。其中，机械性劳动资料中的生产工具是衡量一个社会生产力发展

---

[1] 马克思说，人类劳动比动物本能高明的地方就在于："劳动过程结束时得到的结果，在这个过程开始时就已经在劳动者的表象中存在着，即已经观念地存在着。他不仅使自然物发生形式变化，同时他还在自然物中实现自己的目的，这个目的是他所知道的，是作为规律决定着他的活动的方式和方法的，他必须使他的意志服从这个目的。"见［德］卡·马克思. 资本论（第1卷）[M]. 中共中央马克思恩格斯列宁斯大林著作编译局编译. 北京：人民出版社，2004：208.——笔者注

[2] "土地（在经济学上也包括水）最初以食物，现成的生活资料供给人类，它未经人的协助，就作为人类劳动的一般对象而存在。"见［德］卡·马克思. 资本论（第1卷）[M]. 中共中央马克思恩格斯列宁斯大林著作编译局编译. 北京：人民出版社，2004：209.——笔者注

[3] "劳动资料是劳动者置于自己和劳动对象之间、用来把自己的活动传导到劳动对象上去的物或物的综合体。"见［德］卡·马克思. 资本论（第1卷）[M]. 中共中央马克思恩格斯列宁斯大林著作编译局编译. 北京：人民出版社，2004：209.——笔者注

水平的客观标尺，也是区分不同社会经济形态的根本标志[1]。依照各个时代生产工具的不同，我们把迄今为止的人类社会划分为石器时代、铁器时代、机器时代和智能化机器时代。由此我们才可以说，人是制造工具的动物。作为划分社会经济形态的标志，生产工具对人类社会的这种影响，不只是体现在不同生产条件下人类劳动力对自然对象发生作用的方面，更体现在不同生产条件下劳动者共同活动的组织方式对劳动者之间的社会关系的影响[2]方面。广义上的劳动资料是劳动过程中除狭义上的劳动资料之外所需要的一切物质条件，如厂房、道路、运河等。工业活动中的土地也是这一类劳动资料的典型代表，它既提供劳动过程的活动场所，也为劳动者提供立足之地。

总之，劳动对象和劳动资料构成劳动过程中物的要素，二者合称为生产资料；有目的的活动的主体构成人的要素。人的要素和物的要素相结合，构成现实的劳动过程。

2. 劳动的对象性本质

劳动本质上是一种对象性活动[3]，劳动者（主体、人）和劳动对象（客体、自然）之间本质上是一种对象性关系。对象性活动内含着合目的性和合规律性的内在统一，体现着人通过劳动在改造着外在自然的同时，也在改变自身的内在自然。

对象性关系是客观世界中普遍存在的一种关系。客观事物处在普遍联系

---

[1] "各种经济时代的区别，不在于生产什么，而在于怎样生产，用什么劳动资料生产。"见[德]卡·马克思. 资本论（第1卷）[M]. 中共中央马克思恩格斯列宁斯大林著作编译局编译. 北京：人民出版社，2004：210.——笔者注

[2] "劳动资料不仅是人类劳动力发展的测量器，而且是劳动借以进行的社会关系的指示器。"见[德]卡·马克思. 资本论（第1卷）[M]. 中共中央马克思恩格斯列宁斯大林著作编译局编译. 北京：人民出版社，2004：210.——笔者注

[3] "劳动的产品是固定在某个对象中的、物化的劳动，这就是劳动的对象化。劳动的现实化就是劳动的对象化。"见[德]卡·马克思. 1844年经济学哲学手稿[M]//中共中央马克思恩格斯列宁斯大林著作编译局编译. 马克思恩格斯全集（第3卷）. 北京：人民出版社，2002：267-268.——笔者注

当中。"一个存在物如果在自身之外没有对象，就不是对象性的存在物……非对象性的存在物是非存在物。"[1]也就是说，客观世界中的事物都与周围其他事物处于互为对象的关系之中：任何一个事物在它自身之外，必然有一对象存在，同时它又是另一事物的对象。现实感性世界中存在的事物都是对象性的存在物。如果设想存在一个没有对象的存在物，那只能说明它是个非存在物，即不存在。

劳动是一种以人为主体，以客观自然事物为对象的对象性活动。对象性活动是对象性关系的现实发展。自然界是人的劳动得以实现的场所，也是借以生产出自己的产品的材料。没有自然界，人什么也不能创造。对象化活动使人与自然之间的对象性关系成为现实的主客体关系。"主体是人，客体是自然，这总是一样的，这里已经出现了统一。"[2]从主客体关系的角度看，对象化活动是一个由主体客体化和客体主体化组成的双向互动的辩证发展过程。主体客体化过程体现了劳动对外在自然客体的改造，客体主体化过程则体现了劳动对主体自身内在自然的改造。

具体地说，对象化活动就是劳动者按照人类自身的需要和目的改变外部对象的形态、结构、性质和功能的过程，即劳动主体——人结合自身的需要、目的和外部劳动对象的形态、结构、功能、特点等客观情况制定具体的活动计划、方案，并在既定计划、方案的指导下改造劳动对象，使其发生合乎主体意愿的现实改变，以满足主体的需要，实现活动目标。在这一过程中，既包含着劳动主体目的、理想、知识、能力等主体本质力量向客体对象

---

[1] ［德］卡·马克思. 1844年经济学哲学手稿[M]//中共中央马克思恩格斯列宁斯大林著作编译局编译. 马克思恩格斯全集（第3卷）. 北京：人民出版社，2002：325. ——笔者注
[2] ［德］卡·马克思.《政治经济学批判》导言[M]//中共中央马克思恩格斯列宁斯大林著作编译局编译. 马克思恩格斯全集（第1卷）. 北京：人民出版社，1995：26.

转移的过程，即主体客体化过程[1]；也包含着客体的本质、属性、功能、结构等客观情况以观念的形式向主体转移的过程，即客体主体化过程。主体客体化过程本质上体现了主体改造客体和客体被主体改造的主客体之间的实践关系。主体改造客体就是主体目的实现于对象的过程，也是主体在活动对象上打上人的活动印迹的自然人化过程。外在自然被改造。这一过程是主体以感性的方式把握客体、创造人化世界的实践过程。主体客体化过程同时也是客体主体化过程。主体在实践的基础上以感觉、知觉、表象等感性形式反映客体对象的外在现象，进而通过归纳演绎、分析综合、抽象具体等辩证思维方法形成概念、判断、推理等理性认识，实现对客体对象本质、规律的认识。主体的认知、思维、想象、记忆等智力水平和结构发生根本性改变，内在自然被改造。（当然，主体的体能、体形等肉体组织功能在劳动过程中也会得到加强和改善。）客体主体化过程本质上体现了主体反映客体和客体被主体反映的主客体之间的认识关系。这一过程就是人以观念的方式把握客体、对象世界人化的认识过程。因此，在劳动活动中，主体客体化的主客体之间的实践关系和客体主体化的主客体之间的认识关系是同一个对象性活动过程的两个方面，两者同时发生、相互依存、辩证统一。劳动过程即对象性活动过程同时实现了对外在自然客体以及主体内在自然的双重改造。

这样，以主体客体化和客体主体化双向互动、辩证发展过程为具体内容的对象化活动，推动着人类劳动深入发展，使人与自然的关系成为一种历史的、现实的对象性关系。

---

[1] "在劳动过程中，人的活动借助劳动资料使劳动对象发生预定的变化。过程消失在产品中。……劳动与劳动对象结合在一起。劳动对象化了，而对象被加工了。""劳动对象化了""对象被加工了"就是主体客体化过程。见［德］卡·马克思. 资本论（第1卷）［M］. 中共中央马克思恩格斯列宁斯大林著作编译局编译. 北京：人民出版社，2004：211. —— 笔者注

3. 劳动的社会性演进

撇开了或剥离了社会形式的劳动过程，虽然是一切人类社会生产形式所共有的，但却是抽象的，不现实的。即使这是一个"合理的抽象"[1]。对现实的、历史的劳动过程而言，除了反映人和自然之间物质、能量、信息交换的非社会性的物质内容[2]之外，必须包括反映人和人之间社会性关系的社会性形式——生产的社会性方面。不同生产方式下，作为劳动的前提——劳动者生存于其中——的共同体以及劳动活动的组织方式都不相同，呈现出社会性演进的特点。

现实的生产劳动都是一定社会发展阶段上的生产劳动。"一切生产都是个人在一定社会形式中并借这种社会形式而进行的对自然的占有。"[3]这种社会形式具体体现在互为依存、相互联结的两个方面：其一，存在于一定历史阶段的社会共同体是这一阶段的生产劳动得以进行社会性前提。社会共同体和人类劳动具有互相依存、互相生成关系。首先，人类劳动是社会共同体形成和发展的基础；其次，共同体是人类劳动得以进行的现实前提，是人类生存的天然家园。不同历史时期的人类劳动总是在人们生存于其中的社会共同体内进行的。以自然分工为基础、以自然联系为纽带、自然形成的部落共同体是人类有史以来的第一种土地所有制，是原始人类共同占有和利用土地

---

[1] [德]卡·马克思.《政治经济学批判》导言[M]//中共中央马克思恩格斯列宁斯大林著作编译局编译.马克思恩格斯全集(第30卷).北京：人民出版社，1995：26.

[2] "人借以实现人和自然之间的物质变换的一般人类的生产活动，它不仅已经脱掉一切社会形式和性质规定，而且甚至在它的单纯的自然存在上，不以社会为转移，超越一切社会之上，并且作为生命的表现和证实，是尚属非社会的人和已经有某种社会规定的人所共同具有的。"见[德]卡·马克思.资本论(第1卷)[M]//中共中央马克思恩格斯列宁斯大林著作编译局编译.北京：人民出版社，2004：923.——笔者注

[3] [德]卡·马克思.《政治经济学批判》导言[M]//中共中央马克思恩格斯列宁斯大林著作编译局编译.马克思恩格斯全集(第30卷).北京：人民出版社，1995：28.

的客观前提，也是人类历史上第一个天然的社会共同体。[1]此后，由家庭组成的、以城市为中心的古典古代的公社所有制，以及以乡村为中心的日耳曼所有制相继成为古代世界的共同体形式。之后，在以复杂分工和交换体系为前提的、发达的商品经济形态下，以生产资料资本主义私人占有制为基础的资本主义雇佣劳动制度成为占统治地位的共同体形式。其二，社会分工是劳动社会性的典型表现。在不同的历史时期中，由于生产力发展水平和劳动分工不同，劳动者参与生产劳动的方式——生产方式和活动方式便也不同。

随着生产的发展，劳动本身由于对象、中介工具以及劳动者自身各自特点不同而发生了分化，即分工。在这个自然发生的过程中，内在地包含了作为对抗性社会形式的基础的各种矛盾或它们的萌芽，是产生社会一切对抗性矛盾的基础。首先，在"分工还不是出于自愿"自然形成的情况下，由于劳动对象的不同，人们的活动必然被分划为不同的特殊范围，劳动主体便随劳动对象范围不同被长期固定在各自的活动范围内。在这种情况下，由劳动者共同活动"聚合"形成的力量即"成倍增长的生产力"[2]，就会成为一种同他相对立的、异己力量反过来压迫他。其次，在分工的基础上，劳动本身的性质也会发生分裂，即独立性和依赖性、私人性和社会性以及作为"真正意义上的分工"——物质劳动和精神劳动的分离即脑体分工。这是一个具有社会性质的、历史性的形成过程，也是由社会分工的自然发生过程所产生的社会意义。与社会分工同时发生的还有交换。"交换和分工互为条件。"[3]交换的发展又促使劳动真正发展成为一种社会的过程，劳动本身也分裂为内容

---

[1] "自然形成的部落共同体，或者也可以说群体——血缘、语言、习惯等等的共同性，是人类占有他们生活的客观条件，占有那种再生产自身和使自身对象化的活动（牧人、猎人、农人等的活动）的客观条件的第一个前提。"见[德]卡·马克思. 1857—1858年经济学手稿[M]//中共中央马克思恩格斯列宁斯大林著作编译局编译. 马克思恩格斯全集（第30卷）. 北京：人民出版社，1995：466.——笔者注

[2] [德]卡·马克思，弗·恩格斯. 德意志意识形态[M]//中共中央马克思恩格斯列宁斯大林著作编译局编译. 马克思恩格斯文集（第1卷）. 北京：人民出版社，2009：538.

[3] [德]卡·马克思. 1857—1858年经济学手稿[M]//中共中央马克思恩格斯列宁斯大林著作编译局编译. 马克思恩格斯全集（第30卷）. 北京：人民出版社，1995：108.

和形式双方既对立又统一的矛盾运动，并奠定对抗性社会发展的基础。

部落是人类最早的共同体。"人最初表现为类存在物，部落体，群居动物"。[1]人类之初，人是以群的共同体形式出现的。在强大的自然力面前，为保存个体的生命乃至种族的延续，个人只能作为原始共同体的一部分而存在，血缘、语言、习惯等自然联系成为联结个人的天然纽带。此一时期，体力活动和脑力活动没有完全分开；生产活动主要采用是自然形成的生产工具，产业以农业和手工业为主，没有明显的社会分工；交换主要在人和自然之间的进行，以人的劳动换取自然的产品；人受自然界的支配。这个时期就是以"人的依赖关系"为特点的、人类最初的社会形态。这种社会的经济形态以自然经济为主。此一时期的人类劳动被外在的自然力量和外在于己的他们共同活动形成的社会力量所支配和压迫[2]，具有直接强制[3]的、非自愿的特点，本质上属于被动劳动。前资本主义社会均可归入这一时期。

随着劳动分工和交换的发展，原始共同体逐渐崩溃、解体，个人逐渐摆脱群体的束缚，出现了孤立的个人[4]。于是，生产者互相间的全面的依赖关系代替了原始部落共同体内部的"人的依赖关系"，成为孤立的个人之间全

---

[1] [德]卡·马克思. 1857—1858年经济学手稿[M]//中共中央马克思恩格斯列宁斯大林著作编译局编译. 马克思恩格斯全集(第30卷). 北京：人民出版社，1995：489.

[2] "因为共同活动本身不是自愿地而是自然形成的，所以这种社会力量在这些个人看来就不是他们自身的联合力量，而是某种异己的、在他们之外的强制力量。关于这种力量的起源和发展趋向，他们一点也不了解；因而他们不再能驾驭这种力量，相反，这种力量现在却经历着一系列独特的、不仅不依赖于人们的意志和行为反而支配着人们的意志和行为的发展阶段。"见[德]卡·马克思，弗·恩格斯. 德意志意识形态[M]//中共中央马克思恩格斯列宁斯大林著作编译局编译. 马克思恩格斯文集(第1卷). 北京：人民出版社，2009：538.——笔者注

[3] 资本家和雇佣工人的关系在生产过程的进行中发生了变化，"资本发展成为一种强制关系，迫使工人阶级超出自身生活需要的狭隘范围而从事更多的劳动。作为他人辛勤劳动的制造者，作为剩余劳动的榨取者和劳动力的剥削者，资本在精力、贪婪和效率方面，远远超过了以往一切以直接强制劳动为基础的生产制度"。见[德]卡·马克思. 资本论(第1卷)[M]//中共中央马克思恩格斯列宁斯大林著作编译局编译. 北京：人民出版社，2004：359.——笔者注

[4] "交换本身就是造成这种孤立化的一种主要手段。它使群的存在成为不必要，并使之解体"。见[德]卡·马克思. 1857—1858年经济学手稿[M]//中共中央马克思恩格斯列宁斯大林著作编译局编译. 马克思恩格斯全集(第30卷). 北京：人民出版社，1995：489.——笔者注

新的社会联系，交换价值成为社会成员的唯一联系[1]。交换普遍化，人的一切生产活动和劳动产品都体现为交换价值。每个人的劳动产品成为自己的生活资料，需要依赖其他一切人的消费，每个人的生产也需要依赖于其他一切人的生产。以交换价值为基础的商品经济成为占支配地位的社会经济形态，建立在发达的交换制度基础上的资本主义社会成为新的社会共同体。在这一共同体中，各个人互不依赖，采用以货币为中介的人与人之间的普遍化交换成为生产的前提；体力劳动和脑力劳动已经实行分工，生产活动以人类文明创造的生产工具为主，产业以建立在分工基础上的工业为主；个人受劳动产品的支配，特别是受积累起来的劳动即资本的统治。这个时期就是"以物的依赖性为基础的人的独立性"[2]为特点的资本主义社会。生产资料全部为资本所占有，现实的劳动主体——工人因失去劳动的客观条件而抽象为一种劳动的可能性。这种劳动的可能性——劳动能力只能作为生产要素在商品交换市场上被资本所购买，即雇佣，与具有资本性质的生产资料相结合，形成现实的生产过程。此一时期，人类劳动实质上表现为资本的附庸，形成资本雇佣劳动。

雇佣劳动本质上是一种异化劳动，同样是不自由[3]的。在人类的劳动发展史上，伴随着劳动分化——社会分工出现的还有劳动异化。劳动异化是一个由片面到全面的历史过程，雇佣劳动本质上是一种全面的异化劳动，是异

---

[1] "不管活动采取怎样的个人表现形式，也不管活动的产品具有怎样的特性，活动和活动的产品都是交换价值，即一切个性，一切特性都已被否定和消灭的一种一般的东西。"见[德]卡·马克思. 1857—1858年经济学手稿[M]//中共中央马克思恩格斯列宁斯大林著作编译局编译. 马克思恩格斯全集(第30卷). 北京：人民出版社，1995：106–107.——笔者注

[2] [德]卡·马克思. 1857—1858年经济学手稿[M]//中共中央马克思恩格斯列宁斯大林著作编译局编译. 马克思恩格斯全集(第30卷). 北京：人民出版社，1995：107.

[3] "个人的产品或活动必须先转化为交换价值的形式，转化为货币，并且个人通过这种物的形式才取得和证明自己的社会权力，这种必然性本身证明了两点：(1)个人还只能为社会和在社会中进行生产；(2)他们的生产不是直接的社会的生产，不是本身实行分工的联合体的产物。个人从属于像命运一样存在于他们之外是社会生产；但社会生产并不从属于把这种生产当作共同财富来对待的个人。"见[德]卡·马克思. 1857—1858年经济学手稿[M]//中共中央马克思恩格斯列宁斯大林著作编译局编译. 马克思恩格斯全集(第30卷). 北京：人民出版社，1995：108.——笔者注

化劳动的极端表现形态。在简单的物物交换中，生产和消费已经分属于不同的生产和消费主体，包含了劳动异化的萌芽。随着分工的发展和交换的普遍化，交换价值成为生产的直接目的，普遍化的交换成为每一个孤立个人的生存条件。对个人来说，由普遍化的交换所形成的彼此之间的相互联系，却表现为一种外在的、独立的、异己的强制性力量。尤其是作为交换中介的货币，最初只是作为促进生产的手段出现的人造物，却拥有了不依赖于人、并统治人的权力。物人化，人物化。

在资本主义社会中，由生产、交换等社会经济关系形成的社会共同体，以一种异己的、外在的强制力量——资本出现在个人面前，统治着个人。而马克思主义所指出的未来社会——共产主义社会是一个在物质财富极其富有、人的精神境界极大提高基础上的人的自由而全面发展的社会。在这一社会里，社会对个人不再是一种外在的、强制性的盲目力量，个人对社会也就获得了完全的独立和充分的自由，人本身重新成为社会生产和再生产的出发点和归宿。

总之，在人类历史上，劳动的发展呈现出：被动劳动（以人被自然关系束缚为主）—雇佣劳动（以人被人创造的社会关系束缚为主）—自由劳动（人从自然必然性、社会经济必然性中获取自由）的发展轨迹。在以劳动为中介形成的人和自然之间以及人和人之间的社会关系中，在前资本主义社会中，人和自然关系成为主要的、决定性关系；在资本主义社会中，人和人之间在生产、交换中形成的社会经济关系成为主要的、决定性关系，并以异化的形式即以物和物之间关系的形式表现出来。走出了自然统治的人却又陷入了抽象的社会统治之中。

4. 劳动[1]的双向性机制

劳动过程就人与自然之间的过程而言，形成劳动的物质内容——生产力，劳动过程就人与人之间的过程而言，形成劳动的社会形式——生产关系，这两方面的矛盾和冲突构成劳动运动的内在机制[2]。这是人类历史冲突的根源[3]，也是人类历史发展的内在动力。

劳动的双向性机制主要体现在以下几个方面。

其一，在发生学的意义上，劳动的物质性内容——生产力（人与自然之间的关系）和社会性形式——生产关系（人与人之间的关系）同时发生。人类社会历史的第一个前提是"有生命的个人的存在"，"这些个人的肉体组织以及由此产生的个人对其他自然的关系"[4]是第一个需要确认的历史事实，而满足这些个人吃、喝、住、穿等需要的物质生活资料的生产活动就是人类的第一个历史活动，即通过劳动而达到的自己生命的生产的活动。"任何历史观的第一件事情就是必须注意上述基本事实的全部意义和全部范围，

---

[1] "如果整个过程从其结果的角度，从产品的角度加以考察，那么劳动资料和劳动对象二者表现为生产资料，劳动本身则表现为生产劳动。"见[德]卡·马克思. 资本论（第1卷）[M]//中共中央马克思恩格斯列宁斯大林著作编译局编译. 北京：人民出版社，2004：211. —— 笔者注

[2] "就劳动过程只是人和自然之间的单纯过程来说，劳动过程的简单要素是这个过程的一切社会发展形式来所共有的。但劳动过程的每个一定的历史形式，都会进一步发展这个过程的物质基础和社会形式。这个一定的历史形式达到一定的成熟阶段就会被抛弃，并让位给较高级的形式。分配关系，从而与之相适应的生产关系的一定的历史形式，同生产力，即生产能力及其要素的发展这两个方面之间的矛盾和对立一旦有了广度和深度，就表明这样的危机时刻已经到来。这时，在生产的物质发展和它的社会形式之间就发生冲突。"见[德]卡·马克思. 资本论（第1卷）[M]//中共中央马克思恩格斯列宁斯大林著作编译局编译. 北京：人民出版社，2004：1000. —— 笔者注

[3] "按照我们的观点，一切历史冲突都根源于生产力和交往形式之间的矛盾。"见[德]卡·马克思，弗·恩格斯. 德意志意识形态[M]//中共中央马克思恩格斯列宁斯大林著作编译局编译. 马克思恩格斯文集（第1卷）. 北京：人民出版社，2009：567–568. —— 笔者注

[4] [德]卡·马克思，弗·恩格斯. 德意志意识形态[M]//中共中央马克思恩格斯列宁斯大林著作编译局编译. 马克思恩格斯文集（第1卷）. 北京：人民出版社，2009：519.

并给予应有的重视。"[1]可以看出，作为人类的第一个历史活动——物质生产活动在内容上涉及的就是人和自然之间的关系。另一方面，这些通过劳动的方式生产着自己生命的个人，也通过生育的方式——繁殖生产着他人的生命。这就是产生了家庭，或家庭中的社会关系，即夫妻关系、父母和子女之间的关系。社会中各种复杂的关系就是家庭关系的基础上发展起来的。同时，在由许多个人同时参与的物质生产活动中，同样也形成着人与人之间各种社会关系。"社会关系的含义在这里是指许多个人的共同活动"[2]。人与自然之间以及人与人之间这两种关系是在物质生产活动过程中同时发生的两个方面，从人类历史的最初时期起，从第一批人出现时，就同时存在着。这样，在物质生产劳动的基础上，同时形成了以人与自然之间关系为内容的生产力和以人与人之间关系为内容的生产关系这两个方面。

其二，就生产力和生产关系之间的关系而言，生产力决定生产关系，生产关系反作用于生产力。生产力的性质和发展水平决定生产关系的性质和类型。生产力和生产资料所有制（生产关系中起决定作用的方面）之间决定与被决定的内在关系，通过它们与劳动分工之间的关系表现出来。一方面，一个民族劳动分工的发展程度，是其生产力性质和发展水平最显著表现。另一方面，"分工和私有制是相等的表达方式，对同一件事情，一个是就活动而言，另一个是就活动的产品而言"[3]。劳动"分工的各个不同发展阶段，同时也就是所有制的各种不同形式"[4]。为此，按照生产力发展的性质和水平，以劳动分工的发展程度为中介，把前资本主义的所有制形式分为三种类

---

[1] ［德］卡·马克思,弗·恩格斯.德意志意识形态［M］//中共中央马克思恩格斯列宁斯大林著作编译局编译.马克思恩格斯文集（第1卷）.北京：人民出版社,2009：531.

[2] ［德］卡·马克思,弗·恩格斯.德意志意识形态［M］//中共中央马克思恩格斯列宁斯大林著作编译局编译.马克思恩格斯文集（第1卷）.北京：人民出版社,2009：532.

[3] ［德］卡·马克思,弗·恩格斯.德意志意识形态［M］//中共中央马克思恩格斯列宁斯大林著作编译局编译.马克思恩格斯文集（第1卷）.北京：人民出版社,2009：536.

[4] ［德］卡·马克思,弗·恩格斯.德意志意识形态［M］//中共中央马克思恩格斯列宁斯大林著作编译局编译.马克思恩格斯文集（第1卷）.北京：人民出版社,2009：521.

型：部落所有制、古典古代的公社所有制以及封建所有制。以生产工具和分工发展程度为标准，把人类社会分为前资本主义、资本主义和共产主义三个历史阶段。对于生产力和所有制之间的关系，我们可以做出这样的概括：生产力发展的性质和水平决定生产关系的性质和类型。

生产关系（交往形式）反作用于生产力。"生产力与交往形式的关系就是交往形式与个人的行动或活动的关系。"[1]在人类历史上，社会共同体的存在和发展是以劳动主体与其客观生产条件的统一为前提的。自然地或历史地形成的社会共同体本身也就必然成为劳动主体生产的前提。交往形式就是社会共同体及其为劳动主体进行生产活动所提供的客观现实条件。交往形式，即这些客观的生产条件的作用在原则上也是有限的。[2]当交往形式（社会共同体为劳动主体提供的生产条件）适合于生产力的发展状况时，就会促进生产力的发展，不适合则束缚、阻碍生产力的发展。当一种新的交往形式刚刚确立的时候，一般都基本适合于该阶段生产力的发展状况，能够激发劳动者的生产积极性，进而促进社会发展。[3]随着生产力的发展，现有的交往形式就会越来越不适合已经发展了的生产力，这时为了不致丧失已经取得

---

[1] [德]卡·马克思，弗·恩格斯. 德意志意识形态[M]//中共中央马克思恩格斯列宁斯大林著作编译局编译. 马克思恩格斯文集（第1卷）. 北京：人民出版社，2009：575.

[2] "共同体以主体与其生产条件有着一定的客观统一为前提的，或者说，主体的一定的存在以作为生产条件的共同体本身为前提的所有一切形式（它们或多或少是自然形成的，但同时也都是历史过程的结果），必然地只和有限的而且是原则上有限的生产力的发展相适应。生产力的发展使这些形式解体，而它们的解体本身又是人类生产力的发展。人们先是在一定的基础上——起先是自然形成的基础，然后是历史的前提——从事劳动的。可是到后来，这个基础或前提本身就被扬弃，或者说成为对于不断前进的人群的发展来说过于狭隘的、正在消灭的前提。"见[德]卡·马克思. 1857—1858年经济学手稿[M]//中共中央马克思恩格斯列宁斯大林著作编译局编译. 马克思恩格斯全集（第30卷）. 北京：人民出版社，1995：490.——笔者注

[3] 交往形式"这些不同的条件，起初是自主活动的条件，后来却变成了自主活动的桎梏，这些条件在整个历史发展过程中构成各种交往形式的相互联系的序列，各种交往形式的联系就在于：已成为桎梏的旧交往形式被适应于比较发达的生产力，因而也适应于进步的个人自主活动方式的新交往形式所代替；新的交往形式又会成为桎梏，然后又为另一种交往形式所代替。"见[德]卡·马克思，弗·恩格斯. 德意志意识形态[M]//中共中央马克思恩格斯列宁斯大林著作编译局编译. 马克思恩格斯文集（第1卷）. 北京：人民出版社，2009：575-576.——笔者注

的、文明的成果，"就不得不改变他们继承下来一切社会形式"。[1]生产力的发展导致交往形式的解体，反过来，交往形式的解体又会促进生产力的发展[2]。质言之，当生产关系已经成为束缚生产力发展的桎梏的时候，它们就会被打破，代之以新的适合生产力发展的新的交往形式。生产力和交往形式的矛盾运动推动人类社会由低到高向前发展。

总之，依据马克思、恩格斯劳动思想内在逻辑的发展理路及其历史演化轨迹，我们把物质生产劳动、雇佣劳动以及自由劳动三个核心范畴作为揭示马克思主义理论体系三个组成部分之间有机关联的内在依据。一方面，透过物质生产劳动、雇佣劳动和自由劳动之间的内在逻辑关联，可以揭示出马克思主义理论体系的内在整体性。另一方面，为我们在物质生产劳动的基础上揭示马克思主义哲学新发现，在雇佣劳动的基础上揭示马克思主义政治经济学对资本形式的历史总体批判，在自由劳动的基础上揭示无产阶级解放的历史总归宿，提供内在的逻辑线索。

---

[1] ［德］卡·马克思. 马克思致帕·瓦·安年科夫［M］//中共中央马克思恩格斯列宁斯大林著作编译局编译. 马克思恩格斯文集（第10卷）. 北京：人民出版社，2009：43-44.

[2] "各种特权、行会和公会的制度、中世纪的全部规则，曾是唯一适应于既得的生产力和产生这些制度的先前存在的社会状况的社会关系。在行会制度及各种规则的保护下积累了资本，发展了海上贸易，建立了殖民地，而人们如果想要把这些果实赖以成熟起来的那些形式保存下去，他们就会失去这一切果实。" 见［德］卡·马克思. 马克思致帕·瓦·安年科夫［M］//中共中央马克思恩格斯列宁斯大林著作编译局编译. 马克思恩格斯文集（第10卷）. 北京：人民出版社，2009：44. ——笔者注

三、基于物质生产劳动的哲学新发现

与费尔巴哈和黑格尔从感性对象出发或精神性理念出发,单纯运用"客体的或直观的形式"或"主体的或能动形式"理解世界不同,马克思、恩格斯从对象性的物质生产劳动出发,运用"对象性的活动"的方式把握对象世界,将自然、社会和思维联结为一个统一整体,建立了唯物辩证的自然观和唯物辩证的历史观相统一的哲学体系,实现了人类哲学史上的革命性变革。

(一)马克思恩格斯自然观新发现

在批判黑格尔精神自然观和费尔巴哈感性自然观的基础上,马克思、恩格斯在对象性的物质生产劳动的基础上,创造性地提出了人化自然的概念,在唯物史观的基础上确立了唯物辩证的历史自然观,实现了唯物主义自然观的革命性变革。

1. 黑格尔的精神自然观

在黑格尔的辩证唯心主义思想体系中,绝对理念是具有能动性、创造性的概念,绝对理念的外化历经逻辑、自然和精神三个阶段,即理念由"自在自为"历经"异在或外在化"而"返回到它自身"的能动发展的过程。所以，作为绝对理念外化的自然，本质上是一种永恒的、精神性的观念存在。自然哲学的任务就在于揭示这种本质特征。

黑格尔关于自然的主要观点如下。

首先，自然是绝对理念的外化，即物质化或客观化，是对理念的否定，本质上是一种观念性的东西。这一点是黑格尔自然概念最为本质的特征。一方面，就本质而言，"自然是作为他在形式中的理念产生出来的"[1]，即自然自在地就是理念，或自在状态的理念。精神性的理念是自然本质。自然哲学的任务和目的，就是精神从自然内发现自己的本质。[2]另一方面，就存在形式而言，理念和自然又是不完全相同的。理念是内在的、无形的、自由的，而自然中的事物却是外在的、有形的、不自由的。理念如果外化为自然，就会表现为外在的、有形的、具有实在性的存在，就会成为失去自由、不自由的必然。换言之，理念在外在的自然状态中并没有丧失自己，而是自己本身呈现为这种状态。自然是以否定状态——物质化的状态呈现出来的理念，是对理念的否定。

其次，自然作为理念的外在化，"外在性就构成是自然的规定"[3]。"外在性"可以从以下几方面理解：其一，自然的外在性，是相对于理念、精神的主观性、内在性而言的外在性。自然虽然不是如感性意识论者所说的"第一性"意义上的直接的外在存在，但同样受外在必然性和偶然性制约。作为理念外在化或异化状态的自然，虽然本质上是一种内在的、自由的、精神性的东西，但化身为物质自然的理念不仅具有物质性的外观，而且受外在必然性的约束。其二，自然的外在性，是外在化的理念即自然事物存在形式

---

[1] [德]黑格尔. 自然哲学[M]. 梁志学, 薛华, 钱广华, 沈真, 译. 北京: 商务印书馆, 1980: 19.

[2] "精神在自然内发现它自己的本质，即自然中的概念，发现它在自然中的复本，这是自然哲学的任务和目的。因此，研究自然就是精神在自然内的解放，因为就精神自身不是与他物相关，而是与它自身相关来说，它是在自然内生成的。这也同样是自然的解放。自然自在地就是理性，但是只有通过精神，理性才会作为理性，经过自然而达到实存。"见[德]黑格尔. 自然哲学[M]. 梁志学, 薛华, 钱广华, 沈真, 译. 北京: 商务印书馆, 1980: 18-19. —— 笔者注

[3] [德]黑格尔. 自然哲学[M]. 梁志学, 薛华, 钱广华, 沈真, 译. 北京: 商务印书馆, 1980: 20.

的基本规定。外在性是自然事物的存在状态。空间是自然的第一个直接的规定，也是自然事物的存在基础和基本存在形式。自然物在空间中彼此独立、相互并列，具有直接性、外在性的特点，也必须服从外在必然性的束缚。空间是纯粹的量，具有分离性和连续性的特点。分离性，即自然事物彼此外在彼此相间，相互并列，相互外在；连续性，即自然事物的无差别性，以空间形式存在的"自然界是从量的东西而不是从质的东西开始的"[1]，即自然事物的性质不由自身决定。为此，自然事物受外在必然性的束缚和支配，没有自由可言。其三，自然本身包含着在发展中克服外在性，向内在、主观精神复归的趋势。这是由理念的特点决定的。自然事物作为理念的外在化，只是一种暂时性的存在。因为自然虽然在时间上具有先在性，但理念却是绝对在先的、自在自为的、终极的东西，它必然会返回自身。

再次，自然界是一个自在的、活的有机整体。运动是自然界的灵魂，但运动只是自然理念的本性，自然物体只是表达理念运动的暂时性的存在，是惯性的、被动的，与运动毫不相干。运动作为空间和时间统一体，是外在于物体的。即便如此，自然界中的各种自然事物，虽然在空间上相互外在，彼此孤立，实质上却有着内在的联系。整个自然界表现为一个由低到高的、由各个不同阶段构成的体系，其中的每一种自然事物都是自然整体发展过程中不可缺少环节和阶段[2]。在《自然哲学》中，黑格尔把整个自然界分为力学、物理学和有机物理学三部分。一方面，它们每一部分都是一个独立存在着的、独特的自然领域，彼此并列，相互对立；另一方面却又是相互包含的，每一后继阶段即高级的阶段都潜在于前一个低级的阶段之中，当高级的

---

[1] ［德］黑格尔. 自然哲学[M]. 梁志学，薛华，钱广华，沈真，译. 北京：商务印书馆，1980：41.

[2] "自然必须看作是一种由各个阶段组成的体系，其中一个阶段是从另一个阶段必然产生的，是得出它的另一阶段的最切近的真理，但并非这一阶段好像会从另一阶段自然地产生出来，相反地，它是在内在的、构成自然根据的理念里产生出来的。形态的变化只属于概念本身，因为唯有概念的变化才是发展。不过，概念在自然内一方面仅仅是一种内在的东西，另一方面则仅仅是作为有生命的个体而现实存在的，因此，现实存在着的形态变化也仅限于有生命的个体。"见［德］黑格尔. 自然哲学[M]. 梁志学，薛华，钱广华，沈真，译. 北京：商务印书馆，1980：28-29.——笔者注

阶段发展出来以后，低级的阶段又内在地包含在高级的阶段之中。自然界的这些不同阶段既彼此外在、相互独立，又构成高级阶段的一个环节，最后的阶段则是所有先前阶段的具体统一。

最后，理念自身具有的否定性概念辩证法是推动自然界运动发展的内在根源。自然界作为外在化的理念或自我异化的精神，精神是自然界的真理和真实目的。[1]在自然界中，"引导各个阶段向前发展的辩证的概念，是各个阶段内在的东西"[2]。自然事物遵循概念自身否定性的辩证法，突破外在存在皮壳的束缚和限制，向自为的内在存在形式——精神转化。

无论是自然理念的精神性本质，还是外在性特点的先验设定，抑或是自然理念自我否定性的活动原则，都可以看出精神是自然的本质。自然与精神直接同一，精神自在地内在于自然之中，并引导自然扬弃自身。从精神的外在化形式自然界向精神复归，是自然存在的意义。"对自然的思维考察，必须考察自然在其本身何以是这种变成精神、扬弃他在的过程，考察在自然本身的每一个阶段何以都存在着理念。"[3]因此，黑格尔的自然在本质上是一种精神性的东西，黑格尔的自然观本质是唯心主义的。当然，这种唯心主义是辩证的唯心主义。

2. 费尔巴哈的感性自然观

费尔巴哈反对黑格尔的自然神创论[4]，主张自然实体论。费尔巴哈认为

---

[1] "自然是自我异化的精神。精神在自然界里一味开怀嬉戏，是一位放荡不羁的酒神。在自然界里隐藏着概念的统一性。"[德]黑格尔. 自然哲学[M]. 梁志学，薛华，钱广华，沈真，译. 北京：商务印书馆，1980：21. ——笔者注

[2] [德]黑格尔. 自然哲学[M]. 梁志学，薛华，钱广华，沈真，译. 北京：商务印书馆，1980：29.

[3] [德]黑格尔. 自然哲学[M]. 梁志学，薛华，钱广华，沈真，译. 北京：商务印书馆，1980：21.

[4] "黑格尔关于自然、实在为理念所建立的学说，只是用理性的说法来表达自然为上帝所创造、物质实体为非物质的、亦即抽象的实体所创造是神学学说。"见[德]费尔巴哈. 费尔巴哈哲学著作选集（上卷）[M]. 荣震华，李金山，等，译. 北京：商务印书馆，1984：114. ——笔者注

自然是物质的、感性的、对象性的存在物，具有客观现实性。他强调自然是人的根据，人是自然的产物，是自然的一部分。感觉主义的自然主义和自然主义的人本主义是费尔巴哈哲学的特点。

费尔巴哈关于自然的观点主要包括以下几个方面。

首先，费尔巴哈认为自然是感性的物质实体。物质性、感性、对象性、现实性是自然物体的基本特点。"自然是形体的、物质的、感性的"[1]、与存在没有区别的实体。费尔巴哈基于深入的理论研究和长期的乡村生活经验[2]，强调自然界的感性确定性和现实性，反对黑格尔把自然看作是非物质的、精神性的抽象概念，主张自然是具体的、可以用感性确定性把握的物质性实体，在自然本体问题上恢复了唯物主义的权威。"在我看来，感性不是别的，……在我看来，感性也就是现实。"[3]物质性的、感性的自然界是可以看得见、摸得着的有形存在，存在形态也是多种多样的，如光、电、磁、空气、水、火、土、植物，等等。换言之，自然界就是光、电、磁、空气、水、火、土、动物、植物、人，而不是什么虚无缥缈的、无感性实体的纯粹理性本质。

感性亦即对象性或感性对象性。对象是存在于是物质感性实体之外的、与这一实体具有对象性关系的、其他的同类感性物质实体[4]。我和我之外的

---

[1] ［德］费尔巴哈. 费尔巴哈哲学著作选集（下卷）[M]. 荣震华, 王太庆, 刘磊, 译. 北京: 商务印书馆, 1984: 659.

[2] "我真正彻底承认感性，一方面是由于我再次对宗教做了深入的研究，另方面是由于我对自然界做了感性的研究，——我的乡村生活给我的这种研究提供了绝妙的机会。所以，只是在我的较晚期的哲学和宗教哲学著作中，我才既坚决地反对哲学的抽象的非人性，又坚决地反对宗教的幻想的、虚无缥缈的人性。只是在这些著作中，我才完全有意识地拿实在的世界或自然界，来代替那个抽象的、只是被思想出来的、名之曰神的世界本质，用具有理性的、实在的、感性的人，来代替哲学的那个离开人的、没有感觉的理性本质。"［德］费尔巴哈. 费尔巴哈哲学著作选集（下卷）[M]. 荣震华, 王太庆, 刘磊, 译. 北京: 商务印书馆, 1984: 515. ——笔者注

[3] ［德］费尔巴哈. 费尔巴哈哲学著作选集（下卷）[M]. 荣震华, 王太庆, 刘磊, 译. 北京: 商务印书馆, 1984: 514.

[4] "只有同类的实体可互为对象。"［德］费尔巴哈. 费尔巴哈哲学著作选集（上卷）[M]. 荣震华, 李金山, 等, 译. 北京: 商务印书馆, 1984: 127. ——笔者注

具有这种对象性关系的感性物质实体之间是感性对象性关系。这种与自然物质实体具有感性对象性关系的外在感性物质对象体现着这一自然物质实体的本质，在这个意义上可以说，存在或感性对象性存在即本质。费尔巴哈认为，思想可以自存，不需要或至少不直接需要依赖其他外在对象，感性物质实体则不同，必须依赖其他外在事物才能存在。"因为只有感性的实体需要有在它以外的其他事物才能存在。"[1]比如我需要有动植物的食料、水、空气才能吃、喝、呼吸，而我的思想却不需要。我们不能想象一个没有空气而能呼吸的实体，我们却能想象一个与外物隔离而能思想的实体。能呼吸的实体必须牵涉存在于它之外的另一个实体，也必须依赖这个外在的对象才能存在。所以，"一个'实体'是什么，只有从它的对象中去认识"[2]。一个实体必须牵涉到的这个对象，就是它的本质。比如草食动物的对象是植物，这样的对象决定着草食动物不同于肉食动物的本质。眼睛的对象是光，而不是声音或者气味，才凸显出"眼睛是光的器官"这一本质。在现实生活中，我们也只是按照事物和实体的对象来称呼事物和实体，比如把耕种土地的人叫作农夫，把打猎的人叫作猎人，把捕鱼的人叫作渔夫，诸如此类，都是这个道理。

感性、对象性或感性对象性，也即现实性。在费尔巴哈看来，自然物唯其存在于感性对象性之中，才具有现实性。换言之，现实的存在物一定是感性的存在物，也一定是具有对象性的存在物。感性、现实性、对象性是同一个意思。[3]感觉是判断一个事物、对象存在真实性的唯一标准。感性、现

---

[1]　[德]费尔巴哈. 费尔巴哈哲学著作选集（上卷）[M]. 荣震华, 李金山, 等, 译. 北京: 商务印书馆, 1984: 125.

[2]　[德]费尔巴哈. 费尔巴哈哲学著作选集（上卷）[M]. 荣震华, 李金山, 等, 译. 北京: 商务印书馆, 1984: 126.

[3]　"具有现实性的现实事物或作为现实的东西的现实事物，乃是作为感性对象的现实事物，乃是感性事物。真理性，现实性，感性的意义是相同的。只有一个感性的实体，才是一个真正的，现实的实体。"见[德]费尔巴哈. 费尔巴哈哲学著作选集（上卷）[M]. 荣震华, 李金山, 等, 译. 北京: 商务印书馆, 1984: 116. ——笔者注

三、基于物质生产劳动的哲学新发现

实、对象性或感性对象性是感性物质实体区别于理性精神实体的根本性特点。为此，费尔巴哈才把"感觉主义"作为反经院哲学的新哲学的基本原则[1]，把"被动的原则"、感觉的性质等作为与以能动的抽象理智为根本特点的思辨哲学根本对立的新哲学（经验哲学）的表征。

其次，时间、空间是自然的存在形式。自然即实体[2]，"空间和时间是一切实体的存在形式"[3]。自然只能在空间和时间中存在。一种实体，如果不占有空间，也没有流逝时间，这种实体就根本不存在。因此，不占有空间，无时间性流逝的感觉、意志或思想，都是不存在的东西。

相对于时间，空间是最初的存在。[4]空间成为自然实体定位自身、确定自身、界划自身的首要依据。离开空间，自然将无处存在，也无法存在。空间的这种定位、分界功能，使自然实体具有了"有组织"性的特点。比如"我在这里"，"这里"就是一个界限，就是一个分别，就是一个指点方向的、从无到有的路标或标记。"我在这里，你在那里，我们是彼此外在的，因此我们两人可以并存而不互相妨害。"[5]再如自然界中太阳不在水星的地方，水星也不在金星的地方，眼睛不在耳朵的地方，耳朵也不在嘴巴的地方等等。有组织的自然或自然的有组织性，都是从自然存在物各自不同的位置分布开始的。

与自然实体最初的存在形式空间相一致，"位置"范畴便成为第一个理

---

[1] "我们中间这个与思维有别的、非哲学的、绝对反经院哲学的本质，乃是感沈主义的原则。"见［德］费尔巴哈. 费尔巴哈哲学著作选集（上卷）[M]. 荣震华，李金山，等，译. 北京：商务印书馆，1984：111. ——笔者注

[2] "自然是与存在没有区别的实体。"见［德］费尔巴哈. 费尔巴哈哲学著作选集（上卷）[M]. 荣震华，李金山，等，译. 北京：商务印书馆，1984：116. ——笔者注

[3] "空间和时间是一切实体的存在形式。……一种无时间性的感觉，一种无时间性的意志，一种无时间性的思想，一种无时间性的实体，乃是不存在的东西。"见［德］费尔巴哈. 费尔巴哈哲学著作选集（上卷）[M]. 荣震华，李金山，等，译. 北京：商务印书馆，1984：109. ——笔者注

[4] "空间的存在是最初的存在，是最初的确定的存在。"见［德］费尔巴哈. 费尔巴哈哲学著作选集（上卷）[M]. 荣震华，李金山，等，译. 北京：商务印书馆，1984：175. ——笔者注

[5] ［德］费尔巴哈. 费尔巴哈哲学著作选集（上卷）[M]. 荣震华，李金山，等，译. 北京：商务印书馆，1984：175. ——笔者注

性范畴，其他范畴都以这一范畴为基础。因此，理性也必须在空间中加以定位、区分。[1]"我在哪里"是人在清醒的意识状态下发出的第一个人生哲学问题，这也足以说明人的理性的"第一种德性"就是界别空间和时间。在日常生活中，如何区别位置是我们教导孩童了解社会风尚的第一步，这也是鉴别一个人头脑是否清楚、理性是否正常的一个标准。一个人只有头脑清楚，才能把自己和空间、时间联系起来，也才能把性质不同的东西放在不同空间位置上。一个作家只有理性正常，才能把注释放在文末，而不是放在文章的开端或正文里。简言之：空间上的分别和界限，也是属于智慧范围之内的。

再次，自然是人的根据，人是自然的一部分。从发生学的角度看，自然先于人。"自然是与存在没有区别的实体，人是与存在有区别的实体。没有区别的实体是有区别的实体的根据——所以自然是人的根据。"[2]费尔巴哈继承了斯宾诺莎的"自因说"，从自然自身来把握自然。自然界来自自身。自然界是无意识的、永恒的第一性实体，它只能由自己来说明。自然不是被创造的，在时间上既无开端也无终点。自然的第一性主要指时间上和物理上的第一性，而不是地位上和道德上的第一性。人作为有意识、有理性的实体，自然是人感觉和思想的对象。"没有了自然，人格性、'自我性'、意识就是无，换句话，就成了空没事的、无本质的抽象物。"[3]我们认为的世界的始端和终端，都不过是人的表象。人自己在一定的时间始，在一定的时间终，就把这种始和终的表象从自己转移到自然界。人以自然为根据，人作为地位上和道德上的第一性实体，在时间上和物理上只能是第二性的。

费尔巴哈把自然和人作为哲学最高的对象。他主张自然是人的感性对

---

[1] "如果没有空间——也就没有任何位置系统的。而各种不同的位置是与空间直接联系的，理性只是在空间中估定自己的地位。"见［德］费尔巴哈. 费尔巴哈哲学著作选集（上卷）［M］. 荣震华，李金山，等，译. 北京：商务印书馆，1984：175.——笔者注

[2] ［德］费尔巴哈. 费尔巴哈哲学著作选集（上卷）［M］. 荣震华，李金山，等，译. 北京：商务印书馆，1984：116.

[3] ［德］费尔巴哈. 费尔巴哈哲学著作选集（下卷）［M］. 荣震华，王太庆，刘磊，译. 北京：商务印书馆，1984：122.

象,也是人的根据,强调无论是肉体还是思维、人都必须依赖自然对象,感觉或直观是人与自然对象沟通的主要途径和方式。从把握对象世界的方式或认识的角度看,人对自然的感受性或自然的感性对象性就表现为客体的受动性[1],即自然对象对主体的制约性。在人和自然关系的问题上,显然是单纯强调甚至是单方面夸大了自然对人的约束性或人对自然的依赖性,而没有注意到甚至是完全忽视了人作为主体的意识性、目的性、计划性、创造性等主体性方面对自然对象的能动性作用。简言之,他只是把自然界看成了感性的人的感性直观对象,而不是感性的人的感性活动对象,即不是实践或物质生产活动的对象。

费尔巴哈建立在感觉或感性直观基础上的人与自然关系的观点,实质上是把人与自然的关系理解成两个自然物之间的关系,或自然界同自身的关系,完全把人的感性活动(实践)排除在人与自然的关系之外,不可能真正弄清人与自然之间的关系。从费尔巴哈感觉主义的自然观以及自然主义的人本观中,我们可以看出,马克思在《关于费尔巴哈的提纲》的第一条中对包括费尔巴哈在内的旧唯物主义的批评:"对对象、现实、感性,只是从客体的或者直观的形式中去理解,而不是把它们当作感性的人的活动,当作实践去理解,不是从主体方面去理解"[2],是切中肯綮的。

---

[1] "一个对象,一个现实的对象,只有当我们遇到一种对我发生作用的东西时,只有当我的自我活动——如果我是从思维的立场出发的话——受到另一个东西的活动的限制,阻碍时,才呈现在我们面前。对象的概念,原来根本不是别的,只不过是另外一个'自我'的对象……一般对象的概念,就是这样通过'你'的概念,通过对象化了的'我'的概念为媒介而产生的。……因为只有当一个'自我'转变为另一个'你'的时候,只有当我被动的时候,才产生一种存在于我以外的活动性亦即客观性的观念。"见[德]费尔巴哈.费尔巴哈哲学著作选集(上卷)[M].荣震华,李金山,等,译.北京:商务印书馆,1984:166.——笔者注

[2] [德]卡·马克思.关于弗尔巴哈的提纲[M]//中共中央马克思恩格斯列宁斯大林著作编译局编译.马克思恩格斯文集(第1卷).北京:人民出版社,2009:499.

3. 马克思恩格斯的历史自然观

唯物史观视域下，马克思、恩格斯批判地继承了费尔巴哈以感性自然客体批判黑格尔理性思辨客体的理论成果，把自然理解为客观的感性物质对象，克服了黑格尔自然理念的唯心主义本质；同时批判地吸取了黑格尔自然理念自我运动、自我发展的主观能动性，克服了费尔巴哈感性自然观的感性直观性；把自然对象的客观先在性和精神的主体性加以辩证综合，提出了以对象性活动为本质、以物质生产劳动为基本形式的"实践"概念。在物质生产劳动实践的基础上，形成以"人化自然"为核心的唯物辩证的历史自然观，实现了自然观上的伟大变革。

马克思、恩格斯从对象性活动的角度，把人理解为从事着对象性活动的主体，把自然理解为人的对象性活动所指向的对象，即客体。在基于对象性活动的主客体关系维度下，在人和自然的对象性关系中，自然对象不仅仅是感性的人的感性对象，而且是感性的人的感性活动对象。这样，摆在我们面前的客观自然对象不仅仅表现为当下呈现的既成物，而且表现为感性的人的感性活动对象化的生成物。即在承认自然先在性的前提下，同时承认人的感性物质活动对自然对象进行合规律性和合目的性的改造，即自然的人化。自然的人化过程，也即人化自然形成过程。这个过程随着人的对象化的劳动实践活动不断发展、不断深化，越来越多的自然对象被打上人类劳动实践活动的印记，成为人类社会不可分割的组成部分。而未经人的劳动实践改造过的原初自然和人化自然一起，共同组成了物质世界的自然系统。

马克思、恩格斯关于自然的观点具体体现在以下几个方面。

首先，在批判继承费尔巴哈感性自然观的基础上，马克思、恩格斯认同自然存在具有客观先在性。这一观点奠定了马克思主义自然观的一般唯物主义基础。

先在性既可以指时间上的先在性，也可以指逻辑上的先在性，还可以

三、基于物质生产劳动的哲学新发现

指把握尺度上的优先性。自然的客观先在性可以从三个方面来理解：其一，时间上先于人存在的原初自然，当然也先于人的思维或精神。原初自然也称第一自然。自然界和人类社会是现实物质世界的两种基本物质存在形态。物质世界的演化是一个自发的过程。在这个过程中，自然界先于人。这种先于人存在的自然，即人类社会产生之前就已经存在的客观自然，我们称之为原初自然或天然自然。这个意义上的自然是人类的母体。这里的"人"指的是自然或生物意义上的人，也即人本身的自然，如人种、人的肉体组织等。就此而言，人的肉体组织以及由此产生的自然需要均是由自然界演化和发展决定的，并构成人类历史的第一个前提。[1]费尔巴哈强调的作为人存在根据的自然指的就是这个意义上的自然。其二，逻辑上独立于人，并作为人的无机身体存在的客观自然。这个意义上的自然主要指"人周围的自然"，为人类的物质生产活动提供劳动对象和劳动资料。这个意义上的自然是人类赖以生存、发展的物质基础和前提。这个意义上，马克思说"自然界，就它自身不是人的身体而言，是人的无机的身体"[2]。其三，规律层面的自在自然。在主客体关系的维度下，人的对象化活动是按照两个尺度进行的——物的尺度（真理）和人的尺度（价值）。相对于以主体性为突出特点的价值尺度，以客观性为首要属性的真理尺度更具优先性，即必须在尊重自然规律的前提下，才能将人的需要和目的对象化在作为客体的自然对象中去。自然规律，就是由自然界中的各种自然物相互制约、相互影响、相互作用形成的、不以人的意志为转移的客观的、本质的必然性联系。虽然这些存在于客观自然物之间的规律性联系在不同的历史条件下也许会有不同的表现形式，但"自然

---

[1] "全部人类历史的第一个前提无疑是有生命的个人的存在。因此，第一个需要确认的事实就是这些个人的肉体组织以及由此产生的个人对其他自然的关系。"见［德］卡·马克思，弗·恩格斯. 德意志意识形态［M］//中共中央马克思恩格斯列宁斯大林著作编译局编译. 马克思恩格斯文集（第1卷）. 北京：人民出版社，2009：519. ——笔者注

[2] ［德］卡·马克思. 1844年经济学哲学手稿［M］//中共中央马克思恩格斯列宁斯大林著作编译局编译. 马克思恩格斯全集（第3卷）. 北京：人民出版社，2002：272.

规律是根本不能取消的"[1]。如果人的活动违背了自然规律，必然会遭受自然的惩罚和报复。

其次，从唯物史观的理论视域出发，马克思、恩格斯在对象性的物质生产劳动的基础上提出了"人化自然"的概念，把自然理解为一种客观的社会历史性自然，实现了对费尔巴哈感性自然和黑格尔精神自然的双重超越。这是马克思主义自然观最鲜明、最本质的特点。

人化自然是存在于我们周围的现实的自然界[2]，是感性的人通过感性的物质生产活动把自己的需要和目的对象化在自在自然中的产物。以对象化活动为本质的物质生产劳动是自在自然向人化自然转化的中介。在现实生活中，人和自然的关系是一种对象性关系，这种关系通过对象化活动表现出来。在对象化活动中，人和自然的关系表现为主体和客体的关系。"主体是人，客体是自然，这总是一样的，这里已经出现了统一。"[3]主客体关系具体体现在三个方面：主体的需要和客体的属性之间的满足性关系，即价值关系、主体改造客体和客体被主体改造的改造与被改造的关系，即实践关系以及主体反映客体和客体被主体反映的反映与被反映的关系，即认识关系（理论关系）。这三方面关系在实践关系的基础上同时发生、同时存在、相互作用、相互制约。从这个意义上讲，人和自然关系是一种以实践关系为基础的、包括价值关系和理论关系在内的总体性关系。对象化活动也成为一种以物质生产实践活动为基础的、包含理论活动和价值活动在内的总体性活动。这样，人在对象化活动的基础上自觉地以价值的、实践的和理论的总体性方式把握自然，促进自然向人和社会生成的客观过程，就是原初自然向人化自

---

[1] [德]卡·马克思. 马克思致路德维希·库格曼[M]//中共中央马克思恩格斯列宁斯大林著作编译局编译. 马克思恩格斯全集（第10卷）. 北京：人民出版社, 2009: 289.

[2] "被抽象地理解的，自为的，被确定为与人分隔开来的自然界，对人来说也是无。"见[德]卡·马克思. 1844年经济学哲学手稿[M]//中共中央马克思恩格斯列宁斯大林著作编译局编译. 马克思恩格斯文集（第3卷）. 北京：人民出版社, 2002: 335. ——笔者注

[3] [德]卡·马克思. 《政治经济学批判》导言[M]//中共中央马克思恩格斯列宁斯大林著作编译局编译. 马克思恩格斯文集（第30卷）. 北京：人民出版社, 1995: 26.

三、基于物质生产劳动的哲学新发现

然转变的过程。在我们的周围,现实存在的自然,即成为社会存在物质基础的自然,都是经过人的物质生产实践活动加工改造过的、能够满足人的某种需要的人化自然物(自然环境),或者是经过人的物质生产实践活动中介过的人化的自然感性图景。

人化自然本质上是一种社会的自然、历史的自然。在唯物史观视域下,人化自然形成的过程即物质生产劳动过程,这一过程既是人和自然之间实现物质、能量和信息交换的过程,也是人与人之间社会关系形成的过程,两个过程同时发生、系统推进、相互作用、相互影响形成了复杂性的"自然—社会"系统整体。为此,从现实实践上看,在现实的社会历史中,我们周围的自然都是在一定的社会历史条件下经过人的物质生产劳动中介过的"为我之物",都是人化的自然。相对于原初自然,人化自然是第二自然,是社会的自然、历史的自然。

人化自然形成的物质生产劳动总是在一定的社会共同体内、以一定的社会分工水平、组织方式以及社会所能提供的一定物质生产条件下进行的。在不同的历史时期,不同的社会共同体和不同社会分工等历史条件下,自然人化的进程和范围都不相同,出现在我们周围的人化自然的面貌便也不同。在人类早期,在部落及其后的家庭共同体内,在自然的性别分工方式下,生产条件简陋,生产能力低下,那时"人们同自然界的关系完全像动物同自然界的关系一样,人们就像牲畜一样慑服于自然界"[1]。"自然界几乎还没有被历史的进程所改变"[2],人依附于自然界生存。与此一时期社会物质生产中出现了农业、畜牧业和手工业分工相一致,自然人化或人化自然也主要集中在农业、畜牧业和手工业的范围内。第一次工业革命之后,随着资本主义机器大生产和工业的出现,社会分工进一步复杂化、细密化,自然人化的速度

---

[1] [德]卡·马克思,弗·恩格斯. 德意志意识形态[M]//中共中央马克思恩格斯列宁斯大林著作编译局编译. 马克思恩格斯文集(第1卷). 北京:人民出版社,2009:534.

[2] [德]卡·马克思,弗·恩格斯. 德意志意识形态[M]//中共中央马克思恩格斯列宁斯大林著作编译局编译. 马克思恩格斯文集(第1卷). 北京:人民出版社,2009:534.

大大加快，范围不断延伸。于是，工厂和机器便成为此一时期英国曼彻斯特街头的普遍自然场景，与一百年前遍布曼彻斯特的脚踏纺车和织布机等自然景观已经完全不同。因此，从本质上看，人化自然是一种社会的自然、历史的自然。

可以看出，马克思、恩格斯建立在物质生产劳动基础上的人化自然观或历史自然观，既批判了黑格尔精神自然观的唯心性，又直指费尔巴哈感性自然观的非历史性。费尔巴哈唯物主义自然观上的非历史性直接导致其历史观上的唯心性以及整个唯物主义思想体系的不彻底性。"当费尔巴哈是一个唯物主义者的时候，历史在他的视野之外；当他去探讨历史的时候，他不是一个唯物主义者。"[1]一言之，马克思、恩格斯在物质生产劳动基础上形成的人化自然观，实质上是一种辩证的历史自然观，实现了对以黑格尔为代表的唯心主义自然观以及以费尔巴哈为代表的旧唯物主义自然观的双重超越，实现了自然观上的革命性变革。

（二）马克思恩格斯社会观新发现

在批判黑格尔市民社会观和费尔巴哈类本质社会观的基础上，马克思、恩格斯在对象性的物质生产劳动的基础上，建立了自然的社会观，即唯物辩证的历史观，实现了唯物主义社会历史观的革命性变革。

1. 黑格尔的市民社会观

市民社会观是黑格尔的社会观。市民社会观是黑格尔辩证唯心主义哲学

---

[1]　［德］卡·马克思，弗·恩格斯. 德意志意识形态[M]//中共中央马克思恩格斯列宁斯大林著作编译局编译. 马克思恩格斯文集（第1卷）. 北京：人民出版社，2009：530.

体系的一个组成部分,本质上是一种唯心主义的社会历史观。

黑格尔的"市民社会"概念首次出现在《法哲学原理》中。按照伦理理念发展的三个不同层次:感觉、知性和理性,黑格尔把人类社会共同体分为三种不同的形式:家庭、市民社会和国家。家庭是伦理理念在感觉层面上的表现形式,市民社会是伦理理念在知性或理智层面上的表现形式,国家则属于伦理理念的理性领域。所以,黑格尔的家庭、市民社会和国家并不是指具体的、现实的社会组织,而是指个体特殊性与社会普遍性、主体内在的主观意识与理念外化的外在现实世界(客观的社会组织制度)之间三种不同性质的关系。市民社会介于家庭和国家两者之间,由处于商品生产和交换体系中以私人利益为目的的独立个体——市民组成。独立个体的特殊性和社会整体的普遍性在市民社会中实现了形式的、外在的统一,为此,可以把市民社会看作外在的国家。市民社会中市民的自由属于法律制度制约下的、外在的自由,真正的、内外统一的自由只有在伦理理念的理性层面——国家阶段才能实现。

黑格尔的市民社会观具体表现在以下几个方面。

首先,市民社会在本质上是一个精神性范畴,是绝对理念由他在的自然向自在的精神回复的一个阶段——客观精神的一个环节。在黑格尔的辩证唯心主义哲学体系中,研究理念自在自为的逻辑学是这一思想体系的中心,研究理念的他在的自然哲学和研究理念由他在向自在复归的精神哲学,属于"应用逻辑学"。黑格尔指出:"自然哲学和精神哲学,似乎就是应用的逻辑学"[1]。按照理念自我运动、自我发展的基本原则[2]中"肯定(正)——

---

[1] [德]黑格尔.小逻辑[M].贺麟,译.北京:商务印书馆,1980:83.
[2] "本纲要首先是在起指导作用的方法上与普遍的讲授提纲各有不同,本书的前提是:从一个论题进展到另一论题以及进行科学论证的那种哲学方法,即整套思辨的认识方法,跟其他任何认识方法有本质上的不同。只有洞察这种区别的必然性,才能把哲学从其现在所陷入的那可耻的颓废中挽救出来。……关于思辨认识的本性,我在我的《逻辑学》中已详尽阐述;所以在本纲要中我仅仅对进展和方法随时略加说明而已。……整体以及它各部分的形成都是依存于逻辑精神,此亦不言自喻。我希望对本书主要从这方面予以理解和评价"见[德]黑格尔.法哲学原理[M].范扬,张企泰,译.北京:商务印书馆,1961:1-2.——笔者注

否定（反）——否定之否定（合）"辩证否定的三段式，《哲学全书》又把精神哲学分为主观精神、客观精神和绝对精神三大部门。按照理念自在自为的发展过程——依次经历普遍性、特殊性和具体性三个环节，把主观精神区分为灵魂、意识和心灵三个环节，把客观精神区分为法、道德、伦理三个环节，把绝对精神区分为艺术、天启宗教、哲学三个环节。黑格尔的《法哲学原理》事实上就是《哲学全书》"客观精神"部分的发展、发挥和补充，二者内容大致相同。所以，法哲学实际上就是关于客观精神的哲学。在法哲学体系中，自由意志这一理念自在自为地发展，历经抽象法、道德和伦理三个阶段。其中，抽象法是客观的形式法，道德是主观意志的法，伦理是前两个环节的统一。自由意志的理念在伦理这一阶段，实现了客观和主观的统一。从客观方面看，伦理表现为家庭、市民社会、警察、同业公会、国家等一定的社会组织、秩序和制度，体现个人与社会之间的关系。从主观方面看，伦理表现为社会意识，即人们对现实的社会组织、秩序和制度的意识。同样，按照自由的意志这一理念的发展阶段，伦理历经家庭、市民社会和国家三个阶段。国家是家庭和市民社会的统一和真理，并致力于公共生活，自由意志的理念在国家这一环节返回于自身。因此，客观精神不仅包括法、权利、道德、法律和伦理，而且特别着意强调社会和国家，把国家作为伦理精神、意志自由追求的目标和方向。总的说来，客观精神就是包括群体意识、民族精神、时代精神等等的社会意识。市民社会，作为自由意志理念的外在化、现实化，在本质上是一个精神性的范畴。

其次，市民社会由单个的独立个人组成，这些独立个人追求的特殊性的个人私利目的需要通过满足其他人需要的方式即普遍性的社会公利的形式实现。追逐特殊性的个人私利成为市民社会的第一原则，外在于个人的普遍社会公利的实现成为市民社会的第二个原则。一方面，随着家庭的扩大、分裂，家庭成员逐渐从家庭的自然关系中脱离出来成为独立自主的、单个的人，他们联合组成市民社会。所以，市民社会是自然经济解体与商品经济发

三、基于物质生产劳动的哲学新发现

展的结果，是"在现代世界中形成的"[1]。这些原子式的、单个的独立个人就是市民社会中的市民，他们在资本主义社会商品生产的分工和交换体系中以自身的私人利益为目的，并为追逐自己的私人利益进行着各种劳动和活动。"在市民社会中，每个人都以自身为目的，其他一切在他看来都是虚无。"[2]因此，"具体的人作为特殊的人本身就是目的"[3]这一特殊性原理就成为市民社会的首要原则。这些具体的、特殊的个人与英国古典政治经济学中的理性经济人含义一致。另一方面，市民通过主观需要表现出来的私人目的和利益，只有通过由市民社会所有的单个独立个人为满足自身需要而进行的劳动形成的需要体系才能实现。[4]换言之，单个的独立个人为满足自己的主观需要，必须首先使自己的劳动产品能够满足其他人的需要，满足他人的需要成为自己需要满足的前提。这样，具有普遍性的社会公利就在单个的独立个人满足别人的需要的过程中得到实现。"每个人在为自己取得生产和享受的同时，也正为了其他一切人的享受而生产和取得。"[5]当然，满足别人的需要只是这些单个的独立个人实现自己私利目的的手段，是外在的。因此，人们出于相互需求而相互依赖，由劳动分工和商品交换活动全面交织而成的社会经济关系之网，即需要体系，成为市民社会的第二个原则：普遍性的形式原理。

市民社会的这两个原则不仅相互对立、相互束缚、相互制约，而且"每一个毕竟要以另一个为其条件"[6]，相互依存，相互转化。普遍性以特殊性的存在为前提，普遍性又限制特殊性，并成为特殊性实现的条件。这里，特

---

[1] [德]黑格尔.法哲学原理[M].范扬,张企泰,译.北京:商务印书馆,1961:197.
[2] [德]黑格尔.法哲学原理[M].范扬,张企泰,译.北京:商务印书馆,1961:197.
[3] [德]黑格尔.法哲学原理[M].范扬,张企泰,译.北京:商务印书馆,1961:197.
[4] "（甲）通过外在物，在目前阶段这种外在物也同样是别人需要和意志的所有物和产品；（乙）通过活动和劳动，这是主观性和客观性的中介。这里需要的目的是满足主观特殊性，但普遍性就在这种满足别人的需要和自由任性的关系中，肯定了自己。"[德]黑格尔.法哲学原理[M].范扬,张企泰,译.北京:商务印书馆,1961:204.——笔者注
[5] [德]黑格尔.法哲学原理[M].范扬,张企泰,译.北京:商务印书馆,1961:210.
[6] [德]黑格尔.法哲学原理[M].范扬,张企泰,译.北京:商务印书馆,1961:198.

殊性指的是个人的特殊利益，普遍性指的是社会的整体利益。普遍性之所以是形式的普遍性，因为市民仅仅把普遍性作为其特殊目的实现的手段，普遍性只是实现特殊性的中介。就市民个人而言，相对于特殊的自然必然性需要，普遍性的形式是理智性的社会制度和规范。普遍性的形式对特殊性的制约，意味着知性、理智层面的社会制度规范对于个体和主观任性的约束。市民的行为符合社会的要求，仅仅是出于理智的分析、私利的计较，而非出自对理念利益的体认。教育[1]是实现市民由满足自我主观任性的特殊目的向理智地满足他人需要的普遍性形式提升的必要途径。

再次，市民社会包含需要的体系、司法、警察与同业公会三个环节或三个部分，劳动作为满足需要的手段构成市民社会经济关系体系的基础。"市民社会"[2]包括三部分内容：第一是"需要的体系"，即由独立的单个人的需要、需要满足手段——劳动、方法以及教育和教育等多方面组成的特殊体系，即在以资本主义社会劳动分工为基础的商品生产、交换体系下形成的社会经济关系体系。个别的人因其不同的天赋才能和境遇进入了工业、农业或商业等不同的行业，从事着不同的活动。不属于任何行业的单纯的私人，不是现实的人。第二是司法，即为市民的个人所有权和人身财产权提供法律保护。第三是警察和同业公会。这里的"警察"不是通常意义上的警察，而是作为一般公共权力机构的国家的象征，即外在的国家。警察的职能比较广泛，如预防和惩罚犯罪、保护市民权利、调解和监督社会经济活动、举办公共事业活动、组织殖民活动以及济贫等等。同业公会是市民社会中的劳动组织和经济组织，按照各部门的特殊职能予以分类，在公共权力的监督之下接

---

[1] 通过理论教育和实践教育，"主观意志才在它自身中获得客观性，只有在这种客观性中它才有价值和能力成为理念的现实性。"见［德］黑格尔.法哲学原理[M].范扬，张企泰，译.北京：商务印书馆，1961：203.——笔者注

[2] "市民社会，这是各个成员作为独立的单个人的联合，因而也就是在形式普遍性中的联合，这种联合是通过成员的需要，通过保障人身和财产的法律制度，和通过维护他们特殊利益和公共利益的外部秩序而建立起来的。"见［德］黑格尔.法哲学原理[M].范扬，张企泰，译.北京：商务印书馆，1961：249.——笔者注

三、基于物质生产劳动的哲学新发现

纳会员并保障其权益。在市民社会中，同业工会是单个的独立个人——市民社会"成员的第二个家庭"[1]，也是自由意志理念的伦理精神从直接伦理家庭通向国家理念的中介。

在市民社会中，黑格尔把单个的独立个人的需要以及需要满足的手段——劳动作为市民社会形成的动力和基础，阐明了劳动的社会历史意义，拓展了劳动的理论深度和历史涵盖力。在《法哲学原理》中，黑格尔还以敏锐的哲学触角发现了资本主义生产方式下令他苦恼的社会贫困问题——社会财富的积累与劳动阶级的贫困积累两者同步增长的问题。"怎样解决贫困，是推动现代社会并使它感到苦恼的一个重要问题。"[2]在市民社会中，由于需要及其满足手段的普遍化、社会化，以及社会分工的细密化，导致社会财富的积累和劳动阶级的贫困同时增长，从而导致社会"财富过剩"和处于最低生活水平的贫困"贱民"同时存在。这种自然而然地形成的社会现象，是市民社会自身的辩证法。为解决这一问题，市民社会必然向国外其他落后民族去寻求消费者，以及必需的生活资料。这个过程也就是市民社会的警察组织殖民活动向外开辟殖民地。组织殖民活动是市民社会中警察的职能之一。殖民活动使商业获得了世界史的意义。通过对外殖民活动解决本国的贫困问题是由黑格尔所处的资产阶级立场决定的。

黑格尔市民社会观的唯心主义本质及其他所处的资产阶级立场，使他的市民社会观具有了一定的局限性。

其一，基于个人特殊性服从整体普遍性的逻辑前提，在市民社会和国家的关系问题上，黑格尔主张具有政治性质国家决定并引导具有经济性质的市民社会的发展方向。"市民社会"作为建立在需要基础上的国家和理智（或知性）所想象的国家，只是"外在的国家"，因为它的依据和基础是个人的需要及其利己的目的，秩序和权威对个人而言都只是外在的，没有达到对它的内在认同。从逻辑上看，"市民社会"作为知性的层面上——建立在需要

---

[1] [德]黑格尔. 法哲学原理[M]. 范扬, 张企泰, 译. 北京: 商务印书馆, 1961: 174.
[2] [德]黑格尔. 法哲学原理[M]. 范扬, 张企泰, 译. 北京: 商务印书馆, 1961: 245.

基础上的国家和理智（或知性）所想象的国家，只是理性的层面上作为理念整体的"国家"的一个环节：它依存于整体，以整体为基础，并以整体为发展目标。市民社会和家庭一样，只是自由意志理念实现自身的一个环节——特殊性，其中映射着精神的客观普遍性。市民社会作为精神外在化的客观现象，在内在精神的推动下，必然走向国家——特殊性和普遍性的统一。可以看出，黑格尔法哲学体系中的市民社会和国家，并不是现代意义上的社会和国家的区分，而只是对个人利益的特殊性与社会整体利益的普遍性之间关系的逻辑设定。

其二，基于自身所处的资产阶级立场，黑格尔把单个的独立个人的私人利益和目的设定为社会的出发点，这是一种抽象的人性假设。在由以个人特殊私利为最终目的的独立个人结合而成的市民社会中，独立个人的私人利益成为社会整体的出发点，司法制度、警察和同业公会等社会的公共权力的职责是保护个人的私有财产以及主观任性自由等特殊性的实现。在个人和社会整体之间的关系问题上，个人主义必然成为个人追求的首要目标。这是现实的资本主义生产资料私人占有制在理论上的体现。

市民社会以个人特殊性始、以国家普遍性终，对以追求个人主义为首要目标的个人而言，在国家层面上整体主义的终极性目标选择如何可能？！在这个意义上，我们可以理解马克思恩格斯在《德意志意识形态》中把国家称为"虚假的共同体"，名义上代表全社会的共同利益，实际上代表的却是某一阶级的特殊利益。资产阶级国家也不例外！

2. 费尔巴哈的"类"社会观

"类"是费尔巴哈哲学的核心概念之一。费尔巴哈批判黑格尔哲学以思辨压抑感性，将人的理性本质异化为外在于人的神秘力量——绝对理念。为此，费尔巴哈提出回归感性。但这种"感性"并不是哲学认识论意义上的感性，而是希望回到没有受思辨理性所污染、所统摄的、原初的感性状态，即自然状态。"类"就是从这种原初的感性出发,重新建立起来的确定人之为人的本质属性以及人与人之间的社会关系整体。感性状态下的人与人之间的社会关系,就是指人与人之间最初的自然联系,即男人与女人之间的两性"情爱"关系。

费尔巴哈类的观点具体体现在以下几个方面。

首先,类就是类本质。费尔巴哈把"类"理解为"本来的人性",是人之为人的本质属性,即"类本质"。对"类"这一本质属性的意识,即"类意识",是人和动物的本质区别。在《基督教的本质》中,费尔巴哈提出,意识是人与动物的本质区别,而"只有将自己的类、自己的本质性当作对象的那种生物,才具有最严格意义上的意识"[1]。"类"就是"本质性",即本质属性。人就是这样一种将自己的类、自己的本质作为对象的生物,因此人具有意识!值得注意的是,这里的"意识"[2]不是与物质相对立的意识,也不是哲学认识论意义上的认识,而是一个在实存和本质、个体和类相统一的层次上具有整体性、无限性的总括性概念。

人把握类本质的能力——类职能(思维),就是人的类生活,即人的内在生活,亦即精神生活。动物只能将个体当作对象,不能把类看作对象,所以它没有"类意识",也不可能拥有如科学知识那样的意识。人不仅可以把个体当作对象,而且可以把自己的类——类本质性当作对象,所以人有"类意识",可以把握对象世界的本质,获得知识,从事科学工作。"类意识"是从事科学的前提,"科学是对类的意识"[3]。在日常生活中人们与个体发

---

[1] [德]费尔巴哈.费尔巴哈哲学著作选集(下卷)[M].荣震华,王太庆,刘磊,译.北京:商务印书馆,1984:26.

[2] "严格意义或本来意义下的意识,是同对无限者的意识不可分割的;有限的意识不是意识;意识的本质特性,就是总括一切、无限。无限者的意识,不外是对意识之无限性的意识。或者说,在无限者的意识中,意识把自己的本质之无限性当作对象。"见[德]费尔巴哈.费尔巴哈哲学著作选集(下卷)[M].荣震华,王太庆,刘磊,译.北京:商务印书馆,1984:27.——笔者注

[3] [德]费尔巴哈.费尔巴哈哲学著作选集(下卷)[M].荣震华,王太庆,刘磊,译.北京:商务印书馆,1984:26.

生交往,"而在科学中,我们是跟类打交道"[1]。也就是说,人只有能够把自己的类、自己的本质性当作对象对待的生物,才能从事科学工作。因此,除了与动物一样,拥有外在生活之外,人还拥有内在生活,即人与他的本质、他的类发生关系的生活,也就是人能够思维、能够讲话,等等。[2]之所以如此,因为他自己能把自己假设成别人。因此,与动物不同,人拥有双重生活。

其次,类就是"我"的"你","我"和"你"共同类生活就是团体生活、社会生活。这里的"我"是指具有类意识(类职能)的、以个体形式存在的人,这里的"你"就是与"我"相对立的、存在于"我"之外的其他任何个体。在这个意义上,也可以说,"类"就是我的"你"。从人和人之间的关系看,"类"就是"我"的"你","我"和"你"的集合体在空间上的表现为共同体或人类社会,在时间中绵延为人类史。"人的本质只是包含在团体之中,包含在人与人的统一之中,但是这个统一只是建立在'自我'和'你'的区别的实在性上面的。"[3]反之,孤立的、个别的人,都不具有人的本质。这里,"自我"是指任意一个个体的人,"你"则是存在于"自我"之外的其他任何个体。"我"和"你"互为彼此,"你"是"我"的"你","我"也是"你"的"我","你"是另一个"我"。所以,"你"虽然只是一个人,但却是人类的全权代表。有了"你","我"便不是孤独的人,"我"便可以把"你"——"我"的"类"作为对象,产生"类"意识,在"你"身上看到"我"自己的本质。对"我"来

---

[1] [德]费尔巴哈. 费尔巴哈哲学著作选集(下卷)[M]. 荣震华,王太庆,刘磊,译. 北京:商务印书馆,1984: 26.

[2] "人的思维,其实就是人跟自己本人交谈、讲话……因为,人本身,既是'我',又是'你';他能够将自己假设成别人,这正是因为他不仅把自己的个体性当作对象,而且也把自己的类、自己的本质当作对象。"见[德]费尔巴哈. 费尔巴哈哲学著作选集(下卷)[M]. 荣震华,王太庆,刘磊,译. 北京:商务印书馆,1984: 27. ——笔者注

[3] [德]费尔巴哈. 费尔巴哈哲学著作选集(上卷)[M]. 荣震华,李金山,等,译. 北京:商务印书馆,1984: 185.

三、基于物质生产劳动的哲学新发现

说，对"你"的意识，就是对人类、对世界的意识，"你"便成为"我"认识自己、认识人类、认识世界的媒介。有了"你"，"我"便有了"属人的"、集体的类生活。"我"和"你"的集合体就是人类。[1]对"我"来说，"你"——另一个人——就是我和世界之间的纽带。"我"和"你"的活动就是人类集体的、共同的活动，由"我"和"你"共同活动联合起来的力量，便超越了孤独性个体各自力量的有限性，成为具有集体性的无限力量。[2]这种无限力量在时间的历史长河中展现为人类的精神文化，绵延为人类社会发展的历史。[3]理性、科学就是人类这种无限力量的具体体现。

再次，"我"和"你"之间的关系主要是男人和女人两性之间的情爱关系，"我"和"你"共同的类生活主要表现为男女之间的两性生活。费尔巴哈所谈的人不是以个体形式存在的人，而是类存在物[4]，并且主要是从自然或感性的意义上把人与人之间的关系看作是男人和女人两性之间的情爱关系。"我"和"你"结合起来的共同类生活也只能表现为男女之间的两性生活。"没有了自然，人格性、'自我性'、意识就是无"[5]，而"跟人格性有所区别的自然，可以说只能够意味着性别。……人只是作为男人和女人

---

[1] "别人，虽然也只是一个人，但他却是类之代表，他满足了我对许多别人的需求，对我来说，他具有普遍的意义，是人类的全权代表，以人类的名义对孤独的我讲话，这样，即使我只跟如此一个人相联，我也就有了集体的、属人的生活。……只有在别人身上，我才具有对类的意识；只有借别人，我才体验到和感到我是个人；只有在对他的爱里面，我才明白他属于我和我属于他，才明白我们两人缺一不可，才明白只有集体才构成人类。"见[德]费尔巴哈.费尔巴哈哲学著作选集（下卷）[M].荣震华,王太庆,刘磊,译.北京：商务印书馆，1984：193.——笔者注

[2] "孤独性就是有限性和限制性，集体性则是自由和无限性。"见[德]费尔巴哈.费尔巴哈哲学著作选集（上卷）[M].荣震华,李金山,等,译.北京：商务印书馆，1984：185.——笔者注

[3] "人的力量，各自来看是有限的，结合在一起却就成了无限的力量。个人的知识是有限的，但理解、科学却就是无限的了，因为，它是人类共同的活动……"见[德]费尔巴哈.费尔巴哈哲学著作选集（下卷）[M].荣震华,王太庆,刘磊,译.北京：商务印书馆，1984：113.——笔者注

[4] "哲学最高和最后的原则，因此就是人与人的统一。一切本质关系——各种不同的科学原则——都只是这个统一的各种不同的类型和形式。"见[德]费尔巴哈.费尔巴哈哲学著作选集（上卷）[M].荣震华,李金山,等,译.北京：商务印书馆，1984：186.——笔者注

[5] [德]费尔巴哈.费尔巴哈哲学著作选集（下卷）[M].荣震华,王太庆,刘磊,译.北京：商务印书馆，1984：122.

而生存着"[1]。"就本质而言，人格性乃区分为男性人格性与女性人格性。二者的关系是没有'你'就没有'我'"[2]。"男人和女人相互补足，为的是结合起来共同表现出类、完善的人。"[3]费尔巴哈对类生活的理解也存在着不确定性。一方面，他把类生活——团体性生活、把共同生活理解为把握对象本质的科学、文化等精神性活动，并提到很高的位置。"只有共同的生活，才是真正的、在自身之中得到满足的、属神的生活……。"[4]另一方面，他又用不同个体之间或个体自己与自己的"交际"或"谈话"来注释思维等精神性活动。[5]"真正的辩证法并不是寂寞的思想家的独白，而是'自我'和'你'之间的对话。"[6]当费尔巴哈用城市或乡村等外在自然因素来阐释不同的个体在共同的类生活中拥有不同的精神特质的原因[7]时，可以看出他对类本质的理解仍然是停留在自然的意义和层面上。

最后，人的类本质就是人对自己的整体性的意识，即对人性中"三位

---

[1] ［德］费尔巴哈. 费尔巴哈哲学著作选集（下卷）[M]. 荣震华，王太庆，刘磊，译. 北京：商务印书馆，1984：123.

[2] ［德］费尔巴哈. 费尔巴哈哲学著作选集（下卷）[M]. 荣震华，王太庆，刘磊，译. 北京：商务印书馆，1984：122.

[3] "男人和女人相互补足，为的是结合起来共同表现出类、完善的人。没有类，爱是不可设想的。爱，不外就是在性别内部类之自我感。……并且，仅仅把他的通过爱而跟他联结起来的生活才看作是真正属人的、与人之概念、也即与类相适应的生活。"见［德］费尔巴哈. 费尔巴哈哲学著作选集（下卷）[M]. 荣震华，王太庆，刘磊，译. 北京：商务印书馆，1984：191. ——笔者注

[4] ［德］费尔巴哈. 费尔巴哈哲学著作选集（下卷）[M]. 荣震华，王太庆，刘磊，译. 北京：商务印书馆，1984：96.

[5] "只有在人与人说话的场合下，只有在谈话——一种共同的行为——之中，才产生了理性。问和答，是最初的思维活动。在原始时，要思维，就必得有两个人。只有到了文化有了更高的发展时，人才将自己双重化，从而，他就能够于自身之中并且为了自己而来扮演他者的角色。"见［德］费尔巴哈. 费尔巴哈哲学著作选集（下卷）[M]. 荣震华，王太庆，刘磊，译. 北京：商务印书馆，1984：113–114. ——笔者注

[6] ［德］费尔巴哈. 费尔巴哈哲学著作选集（上卷）[M]. 荣震华，李金山，等，译. 北京：商务印书馆，1984：185.

[7] "只有在人与人之间发生冲撞与摩擦的场合下，机智和敏慧才燃烧了起来；因此，城市里的人比农村里的人更机灵，大城市里的人比小城市里的人更机灵。"见［德］费尔巴哈. 费尔巴哈哲学著作选集（下卷）[M]. 荣震华，王太庆，刘磊，译. 北京：商务印书馆，1984：113. ——笔者注

三、基于物质生产劳动的哲学新发现

一体"的意识。[1]"三位一体"中的"三位"指的是人性中的理性、意志和心（爱），即认识方面的思维力、意志方面的意志力和情感方面的心力（爱）；"一体"指的是理性、意志和心三者在人的自我意识中的统一性、整体性和完善性。理性、意志和心是三者的统一就是"人里面"的"三位一体"，是人性中的属神性部分，即人性中超乎人性的部分，是人之为人的绝对本质，也是人生存的目的。[2]人性中的"三位一体"就是类本质所包含的内容。值得注意的是，费尔巴哈虽然将人的类本质解释为包含理性、意志和心（爱）的"三位一体"，但在实际上，他更加强调理智和心。

理智是"三位一体"中的第一人格，是"类所原有的能力"，也是"类意识"产生的基础和"三位"中最高的本质。"圣父是'我'，圣子是'你'。'我'是理智，'你'是爱；但是，只有爱跟理智结合在一起，只有理智跟爱结合在一起，才是精神，才是完整的人。"[3]正如圣父是"三位一体"中的第一人格，理智——理性或知性也属于三者中"至高的""最终的"本质。因为理智是"类所原有的能力"，是"原本的、原始的""独立的、不依赖的""无限的"和"必然的"本质。理智使人的自我意识作为"类意识"具有了普遍性、目的性、必然性和无限性，超越了个体的特殊

---

[1] "人对自己的整体性的意识，就是对三位一体的意识。"[德]费尔巴哈. 费尔巴哈哲学著作选集（下卷）[M]. 荣震华，王太庆，刘磊，译. 北京：商务印书馆，1984：94.——笔者注

[2] "人自己意识到的人的本质究竟是什么呢？或者，在人里面形成类、即形成本来的人性的东西究竟是什么呢？就是理性、意志、心。一个完善的人，必定具备思维力、意志力和心力。思维力是认识之光，意志力是品性之能量，心力是爱。理性、爱、意志力，这就是完善性，这就是最高的力，这就是作为人的人底绝对本质，就是人生存的目的。人之所以生存，就是为了认识，为了爱，为了愿望。但是，理性的目的是什么呢？就是理性。爱的目的是什么呢？就是爱。意志的目的是什么呢？就是意志自由。……真正的存在者，是思维着的、爱着的、愿望着的存在者。只有为自己本身而存在着的东西，才是真正的、完善的、属神的。而爱、理性、意志，就正是这样。在人里面而又超乎个别的人之上的属神的三位一体，就是理性、爱和意志的统一。理性（想像、幻想、表象、见解）、意志、爱或心，并不是人所具有的力量……"见[德]费尔巴哈. 费尔巴哈哲学著作选集（下卷）[M]. 荣震华，王太庆，刘磊，译. 北京：商务印书馆，1984：27-28.——笔者注

[3] [德]费尔巴哈. 费尔巴哈哲学著作选集（下卷）[M]. 荣震华，王太庆，刘磊，译. 北京：商务印书馆，1984：96.

性、工具性、偶然性和有限性，使人成为主体。"理智是类所原有的能力；心代表特殊的事情，代表个体，而理智则代表普遍的事情；"[1]人只有通过理智，才可以毫无顾虑地把事物意识成为事物，"人才具备力量摆脱自己主观的、个人的本质，将自己提升到普遍的概念和关系"[2]。因此，理性作为人的"类意识"或自我意识建立的基础[3]，是人的最高的和最终的本质。

心（爱）是类本质中的属人的本质，是人的心，也是我的心。心（爱）是个体和自己的类本质之间的联系纽带和矛盾调节器。"只有爱，才是人的心……凡是我所爱的，则就是我的心，就是我的内容，就是我的本质。"[4]自我意识中的心（爱）虽然是人的类本质，但却也"代表特殊的事情，代表个体"[5]，是我的心。因此，"三位一体"中的心（爱）既是属神性的，也是属人性的；既是一般性的类本质，也是特殊性的自我；既是人性中属神的东西与属人的东西、一般的东西与个体的东西两部分的统一，也是联结二者的纽带和媒介。唯其如此，人需要借助于心（爱）这种自我意识，来调节自己与自己的本质之间关系和矛盾，如爱是完善的东西与非完善的东西、无罪者与有罪者、属神的东西与和属人的东西、一般的东西与个体的东西、法律跟心等等。

费尔巴哈从人与人之间的关系的角度理解"类本质"，试图从唯物主义的自然本质出发批判黑格尔市民社会观的唯心主义本质，具有一定的合理性。

---

[1] ［德］费尔巴哈. 费尔巴哈哲学著作选集（下卷）[M]. 荣震华, 王太庆, 刘磊, 译. 北京: 商务印书馆, 1984: 62.

[2] ［德］费尔巴哈. 费尔巴哈哲学著作选集（下卷）[M]. 荣震华, 王太庆, 刘磊, 译. 北京: 商务印书馆, 1984: 62.

[3] "只有理性，才是存在之自我意识，才是具有自我意识的存在；只有在理性中，才显示出存在之目的、意义。理性是作为自我目的而成为自己的对象的存在——事物之最终目标。自己成为自己的对象的，就是至高的本质、最终的本质；能自己支配自己的，就是全能的。"［德］费尔巴哈. 费尔巴哈哲学著作选集（下卷）[M]. 荣震华, 王太庆, 刘磊, 译. 北京: 商务印书馆, 1984: 71.——笔者注

[4] ［德］费尔巴哈. 费尔巴哈哲学著作选集（下卷）[M]. 荣震华, 王太庆, 刘磊, 译. 北京: 商务印书馆, 1984: 86.

[5] ［德］费尔巴哈. 费尔巴哈哲学著作选集（下卷）[M]. 荣震华, 王太庆, 刘磊, 译. 北京: 商务印书馆, 1984: 62.

但令人遗憾的是，费尔巴哈类的社会观依然没有走出唯心主义的窠臼。无论是用男、女两性之间的自然关系来理解人和人之间的关系（类本质的本质层面），还是用心理学（生理心理学）和宗教学的混合物阐释类本质的具体内容，实质上都是从自然的角度来理解类本质，即把人的本质"理解为'类'，理解为一种内在的、无声的、把许多个人自然地联系起来的普遍性"[1]。这些都体现了费尔巴哈类本质的唯心本质以及抽象的、非历史的社会观。

3. 马克思恩格斯的社会有机体观

在对象性的物质生产实践活动的基础上，马克思、恩格斯提出社会是个有机体的观点，批判了黑格尔精神化的"市民社会"观和费尔巴哈自然化的类本质社会观。社会有机体的观点本质上是一种唯物辩证的社会历史观。

马克思、恩格斯关于社会有机体的观点具体体现在以下几个方面。

第一，从内容方面看，自然是社会的前提，人化自然是社会不可分割的组成部分，在物质生产活动的基础上生成的人化自然和人类社会共同组成的"自然—社会"有机体——人类世界。社会中的自然和社会本身都不是天然预成的，都是在人的对象性的物质生产劳动活动的基础上建构而成的。社会中的自然即人化自然。人化自然的形成过程也就是自然的人化过程，即人类社会形成和发展过程。这一过程是人通过对象化的物质生产劳动把自在自然——"自在之物"变为人化自然——"为我之物"的过程。这个过程同时也就是现实的人为满足自己的吃、喝、住、穿等生理性需要进行的物质生产活动。工业作为人类对象性的物质生产劳动的产物，无疑是特定历史发展阶段上人化自然（历史的自然）的具体表现，工业和交换的历史是近现代人和自然之间物质、能量和信息交换的过程史，即自然人化的过程，同时也是近现代这一特定历史发展阶段上的人满足自身生存发展的物质生活资料生产的

---

[1] [德]卡·马克思. 关于费尔巴哈的提纲[M]//中共中央马克思恩格斯列宁斯大林著作编译局编译. 马克思恩格斯文集（第1卷）. 北京：人民出版社，2009：501.

活动史（自然的历史）。换言之，人类社会的存在和发展不是脱离自然的超自然过程，而是把人与自然关系包含在内的社会历史发展过程。人化自然是人类社会不可分割的组成部分，并构成人类社会存在和发展的基础。人与自然的关系和人与人之间的社会关系相互制约共生于"对象性的活动"中。前者形成历史的自然，后者形成自然的历史。"自然的历史"和"历史的自然"是人的物质生产劳动——这一对象性的活动的同一过程的两个方面。对象化的物质生产劳动就是人化自然和人类社会既对立又统一的基础和中介，二者共同组成人类物质世界，或人类世界的物质生活条件。

第二，从性质方面看，社会是一个在"现实的个人"[1]的物质生产劳动基础上形成的、以人与人之间在生产过程中结成的生产关系为基础的有机整体。物质生产劳动是社会和个人共同生成的基础。社会是由个人组成的社会，但并不能把社会直观地理解为抽象的、原子式的个人的简单相加。组成社会的个人是从事着物质生产劳动的现实的个人，他们在共同的物质生产劳动活动中形成的以生产关系为基础的社会关系整体，即社会有机体，才构成社会。正是在这个意义上，马克思说："社会不是由个人构成，而是表示这些个人彼此发生的那些联系和关系的总和。"[2]随着现实的个人的物质生产劳动及其方式的变化，人们之间社会关系随之发生变化，社会生活的面貌、社会的结构、社会的形态也便随之变化。这样，在生成的意义上，现实的个人的物质生产劳动也就成为社会发生、发展、变化的基础和动力。社会的本质在其现实性上，就是一个在现实的个人物质生产劳动活动基础上不断生成、变化着的有机关系体。

反过来也一样，组成社会的"现实的个人"既不是指费尔巴哈式的自然或生物意义上——"类"的一般人，也不是黑格尔式精神化的自我意识——

---

[1] ［德］卡·马克思, 弗·恩格斯. 德意志意识形态[M]//中共中央马克思恩格斯列宁斯大林著作编译局编译. 马克思恩格斯文集（第1卷）. 北京：人民出版社, 2009：519.

[2] ［德］卡·马克思. 1857—1858年经济学手稿[M]//中共中央马克思恩格斯列宁斯大林著作编译局编译. 马克思恩格斯全集（第30卷）. 北京：人民出版社, 1995：221.

三、基于物质生产劳动的哲学新发现

"思考出来的、没想出来的、想象出来的人"[1],而是指可以用经验的方法确认的、从事着物质生活劳动的、作为人类历史上第一个前提的现实中的个人。现实的个人首先是有着肉体组织的、活生生的"有生命的个人"[2],具有自然性的特点。这个意义上的"现实的个人"与费尔巴哈的自然人的含义相类似。因此满足这些个人肉体组织生存需求的物质生产劳动以及由此产生的个人对自然的关系才成为全部人类历史的第一个经验事实。其次,现实的个人是处于已有的社会关系中、并再生产这些社会关系的个人,具有社会性的特点。从这些个人"已有的和由他们自己的活动创造出来的物质生活条件出发"[3],进行物质生产活动的个人在生产着自己生命本身(通过物质生产劳动)的同时,也生产着他人的生命(通过生育)。这样,进行着物质生产劳动的现实的个人也生产着他们之间的社会关系。人与自然关系和人与人的关系同时产生,并同时发展。所以,随着已有的和由人们自己的活动创造出来的物质生活条件的不同,人与自然关系和人与人之间的关系也便不同。这个意义上的"现实的个人"超越了费尔巴哈"类"意义上的自然人,具有了社会性的特点。再次,现实的个人在生产着自己的物质生活的同时,也进行着自己的思想、观念和意识的生产,具有意识性、精神性的特点。这些现实的、从事着物质生产活动的人们也是他们"自己的观念、思想等等的生产者"[4],他们的思想、意识不过是他们物质生活过程的观念表现。照搬黑格尔的蒲鲁东不了解人们在按照自己的生产力生产出他们在其中生产呢子和麻布的社会关系,同样也生产出他们头脑中的各种观念、范畴。这是现实的

---

[1] [德]卡·马克思,弗·恩格斯. 德意志意识形态[M]//中共中央马克思恩格斯列宁斯大林著作编译局编译. 马克思恩格斯文集(第1卷). 北京: 人民出版社, 2009: 525.

[2] [德]卡·马克思,弗·恩格斯. 德意志意识形态[M]//中共中央马克思恩格斯列宁斯大林著作编译局编译. 马克思恩格斯文集(第1卷). 北京: 人民出版社, 2009: 519.

[3] [德]卡·马克思,弗·恩格斯. 德意志意识形态[M]//中共中央马克思恩格斯列宁斯大林著作编译局编译. 马克思恩格斯文集(第1卷). 北京: 人民出版社, 2009: 519.

[4] [德]卡·马克思,弗·恩格斯. 德意志意识形态[M]//中共中央马克思恩格斯列宁斯大林著作编译局编译. 马克思恩格斯文集(第1卷). 北京: 人民出版社, 2009: 524.

个人的第三个特点——精神性或意识性。黑格尔把人理解为精神化的自我意识，就是把人的精神性的意识和观念与人的物质生产活动加以分离、抽象并夸大为创造历史的"始因"。可见，现实的个人和社会一样，随着这些个人物质生产劳动的方式和条件的变化，他们的物质生活、社会生活和精神生活也必然随之发生变化。因此，现实的个人在其现实性上，不是单个人所固有的抽象物，不是原子式的孤立个人，而是在物质生产劳动活动中历史地生成的社会关系的总和。原子式的孤立个人只是"现实的个人"在一定社会发展阶段上物质生产活动的产物。

总的说来，个人和社会是在物质生产劳动的对象化活动中相互生成、相互依存的。个人是处于相互关系中的个人，他们既再生产这种相互关系，又新生产这种相互关系，即个人是社会中的个人；个人也生产着社会，"社会本身，即处于社会关系中的人本身，总是表现为社会生产过程的最终结果"[1]。"社会既是这一巨大的总过程的主体，也是这一总过程的结果。"[2]在这个意义上，我们才能真正理解"人的本质……在其现实性上，它是一切社会关系的总和"以及"全部社会生活在本质上是实践的"[3]这些观点的深刻哲理。也只有在这个意义上，我们才可以真正理解在个人和社会的关系问题上，斯密、李嘉图"原子式个人"式抽象的、非历史的个人主义观点，以及黑格尔社会整体决定和支配个人的抽象的、非历史的整体主义观点，都是片面的、错误的。

第三，从社会结构的角度看，社会有机体表现为一个在物质生产劳动活动基础上不断发展的经济、政治、文化和社会生活的共时态结构整体。社会结构是社会有机体的基本单位。与社会的本质一样，社会结构同样不是预成

---

[1] [德]卡·马克思. 1857—1858年经济学手稿[M]//中共中央马克思恩格斯列宁斯大林著作编译局编译. 马克思恩格斯全集(第31卷). 北京：人民出版社，1998：108.

[2] [德]卡·马克思. 1857—1858年经济学手稿[M]//中共中央马克思恩格斯列宁斯大林著作编译局编译. 马克思恩格斯全集(第31卷). 北京：人民出版社，1998：112-113.

[3] [德]卡·马克思. 关于费尔巴哈的提纲[M]//中共中央马克思恩格斯列宁斯大林著作编译局编译. 马克思恩格斯文集(第1卷). 北京：人民出版社，2009：501.

三、基于物质生产劳动的哲学新发现

的,而是在物质生产劳动的实践活动中逐步建构起来的。"物质生活的生产方式制约着整个社会生活、政治生活和精神生活的过程。"[1]这里,物质生活即生产物质生活资料的生产劳动活动本身,构成社会的经济结构;政治生活即伴随物质资料生产劳动活动产生的人与人之间的政治关系,构成社会的政治结构;精神生活即作为物质生活资料生产活动观念反映的精神生产,构成社会的文化结构;社会生活即人自身的生产活动以及由此而产生的社会关系的生产活动,形成狭义的社会结构。社会有机体就是由这四个方面构成的有机整体。

把以物质生产劳动实践为基础和中介的人与自然关系纳入社会历史领域,形成自然和历史有机统一的社会有机体观,是马克思主义社会历史观乃至马克思主义这一新世界观的重要特点。因此,历史唯物主义的形成是一种"格式塔"式的整体转换,而不是简单地把一般唯物主义思想推广或延伸到社会历史领域。即在对象性的活动的基础上,唯物辩证的自然观和唯物辩证的历史观同时形成。换言之,只有把人与自然关系纳入人类社会历史领域中,在人与自然关系和人与人关系的彼此制约中,唯物主义自然观才能见物亦见人,才不至于再犯马克思所批判的、费尔巴哈式或黑格尔式的类似错误。历史观也才不会蜕变为抽象的经验论者眼中"僵死的事实的汇集",或主观化为唯心主义者——"想象的主体的想象活动"[2]。唯物主义历史观才能形成。

---

[1] [德]卡·马克思,弗·恩格斯. 1859—1861年经济学著作和手稿[M]//中共中央马克思恩格斯列宁斯大林著作编译局编译. 马克思恩格斯全集(第31卷). 北京:人民出版社,1998:412.

[2] [德]卡·马克思,弗·恩格斯. 德意志意识形态[M]//中共中央马克思恩格斯列宁斯大林著作编译局编译. 马克思恩格斯文集(第1卷). 北京:人民出版社,2009:526.

（三）马克思恩格斯思维观新发现

在批判黑格尔概念逻辑和费尔巴哈感性直观的基础上，马克思、恩格斯在物质生产劳动的基础上，创造性地提出了"对象性的活动"的方式，即实践思维，实现了马克思主义思维观的革命性变革。

1. 黑格尔的概念思维

黑格尔唯心主义的精神自然观和市民社会观，是其以概念思维或概念逻辑的方式把握对象世界的必然结果。概念逻辑或概念式思维是黑格尔哲学认知对象的思维方式。

黑格尔的"概念"不是一般意义上的概念，而是思辨意义上的概念。概念，也即理念，或"绝对"，是黑格尔哲学的核心范畴。黑格尔哲学也称思辨哲学。"思辨"一词，在日常生活中"常用来表示揣测或悬想的意思"[1]，黑格尔式的"思辨"是哲学意义上的，有着特殊的含义。黑格尔说："思辨的东西，在于这里所了解的辩证的东西，因而在于从对立面的统一中把握对立面，或者说，在否定的东西中把握肯定的东西。"[2]也就是说，思辨意义上的概念，即思辨概念，具有"自否定"的特性。在德国古典哲学中，否定是主体自我意识的特点。自我作为精神的一个重要特点就是它必须在活动中，在和非我的内在联系中存在。黑格尔把主体——"自我"的特性纳入概念中，使概念具有了主体的目的性、能动性等功能。质言之，黑格尔将自我逻辑化融入概念，形成"思辨概念"。与自我意识融为一体

---

[1] ［德］黑格尔.小逻辑[M].贺麟，译.北京：商务印书馆，1980：183.

[2] ［德］黑格尔.逻辑学[M].杨一之，译.北京：商务印书馆，1966：39.

的思辨概念便成为一种实体和主体相统一的存在。黑格尔说:"概念是自由的原则,是独立存在着的实体性的力量。"[1]于是,具有了目的性、创造性、能动性的思辨概念,便能够"自己创造自己的对象,自己提供自己的对象"[2]。思辨概念通过自我否定、自我发展,"自己返回自己,自己满足自己"[3],自然和精神都只是它在发展中的自我显现。既是主体也是实体的思辨概念,成为创生世界万物的绝对本体[4]。

所以,既是主体、实体又是本体的思辨概念,并不是我们通常所理解的某类事物的共相或一般的概念,而是一个包含一系列环节在内的自由自立的、自在自为的、发展着的概念有机系统。从纵向发展过程上看,在这个系统中,每个概念都是理性对象——"绝对精神"的显现,"绝对精神"显现的过程就是概念的发展过程。同时,每个"概念又是一个全体,这全体中的每一环节都是构成概念的一个整体,而且被设定和概念有不可分离的统一性。所以概念在它的自身同一里是自在自为地规定了的东西"[5]。普遍性、特殊性和个别性是构成每个概念自我否定、自我发展过程的环节,通过这些环节概念的全体性、自由性和真理性便也呈现出来。因此,在黑格尔那里,绝对理念是一个总体性概念,由它创设的世界历史表现为一个概念总体。作为总体性的概念,绝对理念集主客于一身,自身既是创造者,又是被创造物;既是认识(思维)主体,又是认识客体。而世界历史就是绝对精神自我创设、自我发展、自我生成又自我认识的概念性总体。绝对精神既是历史的起点,也是历史的终点,从起点到终点的闭合圆圈既构成认识的完整性,同

---

[1] [德]黑格尔. 小逻辑[M]. 贺麟,译. 北京: 商务印书馆, 1980: 327.
[2] [德]黑格尔. 小逻辑[M]. 贺麟,译. 北京: 商务印书馆, 1980: 59.
[3] [德]黑格尔. 小逻辑[M]. 贺麟,译. 北京: 商务印书馆, 1980: 59.
[4] "自我就其本质来看,是概念,是自相等同的东西,是贯穿一切的东西,这种东西在保持着对于特殊差别的统治时,就是向自身回归的普遍东西。这种概念同时也是真实的理念,宇宙的神圣理念,只有这种理念才是现实的东西。因此,唯有上帝才是真理,才是不朽的生存者,……。"见[德]黑格尔. 自然哲学[M]. 梁志学,薛华,钱广华,沈真,译. 北京: 商务印书馆, 1980: 19. —— 笔者注
[5] [德]黑格尔. 小逻辑[M]. 贺麟,译. 北京: 商务印书馆, 1980: 327.

时也构成历史的完整性。

概念辩证法推动自在自为的理念自我异化和异化的扬弃这种否定之否定的运动,把自然界、人和社会联结为一个统一的过程整体;同时也把自然、人和社会等一切现实的东西都消融在精神之中,现实的种种对立蜕变为精神与精神的各种异化形式之间的对立。这样,黑格尔在思维的基础上实现了思维和存在的绝对同一。

2. 费尔巴哈的感性直观

费尔巴哈不满意黑格尔哲学的抽象思维而诉诸感性直观。他通过"颠倒"的原则批判了黑格尔哲学的唯心性,同时也抛弃了黑格尔哲学的辩证法以及从事物自身出发的能动性原则。费尔巴哈从直观的角度理解自然,把自然直观为感性的对象,把人直观为个体的、经验的和当下的人,把人与人之间的关系直观为自然的"类"。感性直观是费尔巴哈把握对象世界的方法,体现了费尔巴哈哲学的思维特点。

费尔巴哈的直观有实践的直观和理论的直观两种类型,但他推崇理论贬低实践[1]。其中,理论的直观又分为有感性直观和理智的直观两类。自然科学的直观属于理智的直观,但仍有感性直观的倾向,或者是还没有把理智的直观与感性直观明显分界。他在《未来哲学原理》中曾举例阐释感性和超感性之间的差别。"在林奈的植物分类系统中,最初的若干类是根据花蕊的数目来确定的。但是在雄蕊数目已经达到十二根至二十根的第十一类中,尤其是在二十个雄蕊的类和多雄蕊的类中,花蕊的数目就无关紧要了;人们就不再去数花蕊了。由此可见,我们是在同一范围之内,发现有确定数量与不定

---

[1] "如果人仅仅立足于实践的立场,并由此出发来观察世界,而使实践的立场成为理论的立场时,那他就跟自然不睦,使自然成为他的自私自利、他的实践利己主义之顺从的仆人。"见[德]费尔巴哈. 费尔巴哈哲学著作选集(下卷)[M]. 荣震华,王太庆,刘磊,译. 北京:商务印书馆,1984:145.
——笔者注

数量之间的差别，必要数量与不必要数量之间的差别，合理数量与不合理数量之间的差别。由此我们并不需要超出感性，……我们只需要不将理智与感觉分开，便能在感性事物中寻得超感性的东西，亦即精神和理性。"[1]从费尔巴哈所举证的自然科学的事例可以看出，他对理智的直观的分析仍然存在矛盾：一方面，他认为感觉和理智的差别在感觉范围之内，或不超出感觉的范围。在本质与现象、思辨与经验等之间，它们的差别不是属于超感性的本质世界和感性的现象世界这两个王国或两个世界之间的差别，而是属于感性范围之内的差别。另一方面，他又认为感觉是人的认识通向超感觉领域的唯一通道，人可以通过感觉去把握超感觉的东西。"我们只应当如事物实际上所表现的那样去思想事物，而不能用别的方式。……现实界的规律也就是思维的规律。"[2]可以看出，费尔巴哈的理论直观带有明显的感觉主义色彩，以感性直观为主。

在费尔巴哈哲学中，直观具有全面性、层次性、真实性的特点。从范围上看，直观可以认识一切对象。直观的对象可以是外在的自然对象，也可以是内在的精神、自我。[3]从层次上看，感觉有粗糙的、平凡的、未经训练的一般意义上感觉，也包括经过自然科学或哲学专门训练的感觉。换言之，直观不是一次性感觉就可以直接获得的，有一个从表象和幻想的直观向直接

---

[1] ［德］费尔巴哈.费尔巴哈哲学著作选集（上卷）[M].荣震华,李金山,等,译.北京:商务印书馆,1984:173-174.

[2] ［德］费尔巴哈.费尔巴哈哲学著作选集（上卷）[M].荣震华,李金山,等,译.北京:商务印书馆,1984:177.

[3] "当我们用手或唇接触有触觉的东西时，我们不只感觉到石头和木头，不只感触到骨肉，我们还感觉到触觉；我们用耳朵不只听到流水潺潺和树叶瑟瑟的声音，而且还听到爱情和智慧的热情的音调。我们用眼睛不只是看见镜面和彩色幻相，我们还能看见人的视线。因此感觉的对象不只是外在的事物，而且有内在的事物，不只是肉体，而且还有精神，不只是事物，而且还有'自我'——因此一切对象都可以通过感觉而认识，即使不能直接认识，也能间接认识，即使不能用平凡的、粗糙的感觉认识，也能用有训练的感觉认识，即使不能用解剖学家或化学家的眼睛认识，也能用哲学家的眼睛认识。"见［德］费尔巴哈.费尔巴哈哲学著作选集（上卷）[M].荣震华,李金山,等,译.北京:商务印书馆,1984:172-173.——笔者注

的感性直观发展的过程,即从被歪曲的主观到未被歪曲的客观过程。[1]从效果上看,相对于思维抽象,感性直观给人提供真实性、可靠性、真理性的认识。"只有感觉的对象,直观的对象,才是无可怀疑地,直接地确实存在着的。"[2]在费尔巴哈看来,只有直接认识才是真实的认识,而相对于需要凭借中介的理性思维,感性的事物更加真实、可靠。

可以看出,在感性和理性的关系问题上,费尔巴哈已经注意到二者之间的内在关联,并把感性视为理性的基础,把理性定义为普遍的感性;但他没有注意到二者之间的本质区别,最终把理性归结为感性。唯其如此,他认为感性直观是全面的、整体的,理性思维是片面的、局部的。他把感性、感性直观作为新哲学的基本原则和认识世界的基本途径和手段。

在费尔巴哈"感性直观"的视野中,包括自然界在内的一切存在者都是既成的、开天辟地以来就已经存在的现成物,这就是以感性直观为思维特点的旧唯物主义者的缺陷所在。这一缺陷使费尔巴哈视野中的自然界具有了非人的属性,而人却仅仅具有自然属性,从而在自然和人的问题上双双再度陷入抽象。

3. 马克思恩格斯的实践思维

马克思在吸取费尔巴哈感性对象性和黑格尔概念能动性的基础上,创造性地提出"人的感性活动",即"实践"概念。他把实践理解为人的感性对

---

[1] "感性事物并不是思辨哲学意义之下的直接的东西,亦即并不是说:感性事物是世俗的,一目了然的,无思想的,自明的东西。直接的感性直观反倒比表象和幻想晚出。人的最初的直观——本身只是表象和幻想的直观。由此可见,哲学,一般科学的任务,并不在于离开感性事物即实际事物,而在于接近这些事物——并不在于将对象转变成思想和观念,而在于使平常的,看不见的东西可以看得见,亦即对象化。"见[德]费尔巴哈. 费尔巴哈哲学著作选集(上卷)[M]. 荣震华,李金山,等,译. 北京:商务印书馆,1984: 174. ——笔者注

[2] [德]费尔巴哈. 费尔巴哈哲学著作选集(上卷)[M]. 荣震华,李金山,等,译. 北京:商务印书馆,1984: 171.

三、基于物质生产劳动的哲学新发现

象性的活动,即人能动地改造对象世界的客观物质生产劳动。通过对象性活动,人和自然之间以及人和人之间形成复合性"自然—社会"关系系统。自然观的对象不再是原发的自然性关系,而是衍化为以物质生产劳动为中介的历史性、社会性的自然关系。我们周围的自然便不再是既成的自在自然,而是体现了人的物质生产劳动实践目的性的人化自然。社会历史观也不再是与自然无关的单纯历史事件,而是在直接改变自然物质生活条件的客观物质生产劳动活动中,找到了历史发展演变的钥匙。自然的历史和历史的自然共同组成人类历史。

"对象性的活动"的方式是马克思、恩格斯社会的自然观和自然的社会观得以确立的思维基础。在《关于费尔巴哈的提纲》中,马克思把理解(把握)世界的方式概括为三种:一切旧唯物主义(包括费尔巴哈的唯物主义)的"从客体的或者直观的形式"、唯心主义(以黑格尔为代表)的从主体的或者"能动的"的方式以及"对象性的活动"的方式。"对象性的活动"是感性的人的物质生产活动或实践活动的本质。"对象性的活动"的方式是马克思在批判旧唯物主义单纯从客体以及唯心主义单纯从主体方面把握世界的前提下,创造性地提出的把握世界的新方式。在对象性的物质生产劳动实践中,从特点上看,一方面,主体能动地改造客体,把自己主观需要、目的等对象化在客体中,体现出主体的主观能动性;另一方面,客体以自身的客观属性制约着主体,体现出客体对主体的制约性或主体的受动性。所以,对象性的物质生产劳动实践是一种包涵主体能动性和客体受动性于一身的客观物质性活动。从结果上看,对象性的物质生产劳动实践是一个主体客体化和客体主体化辩证统一的、双向互动的发展过程,即"环境的改变和人的活动或自我改变的一致,只能被看做是并合理地理解为革命的实践"[1]。正是基于对象性的实践活动,马克思才提出"全部社会生活在本质上是实践的""人

---

[1] [德]卡·马克思.关于费尔巴哈的提纲[M]//中共中央马克思恩格斯列宁斯大林著作编译局编译.马克思恩格斯文集(第1卷).北京:人民出版社,2009:500.

的本质……在其现实性上，它是一切社会关系的总和"[1]等观点。

从思维方式的角度看，把握世界的"对象性的活动"的方式，也是一种总体性思维。用总体性思维分析问题和解决问题的方法，就是总体性方法。具体地说，用总体性的方法考察人，人在其现实性上就是一个在物质生产劳动实践基础上形成的各种社会关系的总和——"社会总体的人"；用总体性的方法考察社会历史，历史就是在人的物质生产劳动实践基础上形成的、流动着的总体性生成过程。用总体性的方法考察人和自然关系，自然便成为在人的社会物质生产劳动实践中不断人化的过程，自然成为人的无机身体，人化自然成为人自身周围不断生成的人文自然景观；用总体性的方法考察人和自然以及人和人之间的关系，自然和社会以社会物质生产劳动为基础和中介，形成复杂性的"自然—社会"系统；用总体性的方法考察自然、社会、思维的时候，整个世界便成为一个相互联系的统一整体。可以看出，正是在对象性活动的物质生产劳动的基础上，马克思主义的总体性方法才扬弃了黑格尔概念总体性的思辨性质。基于"对象性的活动"的思维方式的总体性方法，是马克思、恩格斯分析问题、建构体系所使用的基本方法，也必然成为我们理解马克思主义理论整体性所采用的基本方法。

从思维方式的角度看，把握世界的"对象性的活动"的方式，也是一种革命性的批判思维。基于"对象性的活动"的思维方法实质上就是在以劳动辩证法为中介，把包括自然、社会以及人自身在内的整个对象世界，在思维中反映为一个整体性的观念体系。在这个意义上，"对象性的活动"思维本质上是一种历史性、批判性思维。"对象性的活动"思维方式下的现实事物，都不是现成的、静态的、一成不变的既成物，而是在一定社会历史条件下基于物质生产劳动实践的生成物，是流动的、暂时的。为此，现实存在的现代资本主义社会，在本质上也是一种生成物，有其产生、发展的历史，也有其消亡的过程。当资本主义生产方式内部生产力和生产关系之间的矛盾尖

---

[1] [德]卡·马克思.关于费尔巴哈的提纲[M]//中共中央马克思恩格斯列宁斯大林著作编译局编译.马克思恩格斯文集（第1卷）.北京：人民出版社，2009：501.

锐、激化到一定程度，那时资产阶级不能照旧统治下去，无产阶级不能再照旧生活下去，无产阶级通过社会革命的方式推翻资产阶级的时代就来临了。也如资产阶级代替封建地主阶级一样，无产阶级代替资产阶级同样不可避免，它们都是社会物质生产劳动发展的结果。因此，消灭资本主义，建立共产主义，是"对象性的活动"思维的内在应有之义。

马克思、恩格斯从"对象性的活动"的角度分析自然和社会的生成与发展，"对象性的活动"方式便成为马克思主义分析问题的思维模式，也是我们认识世界、改造世界所遵循的实践逻辑。

（四）物质生产劳动与唯物史观新发现

科学的物质生产劳动观的确立是马克思、恩格斯创立唯物史观的理论前提和基础。从社会物质生产内部寻求社会自身发展的历史前提和内在动力，而不是从外部的自然或超历史的因素，唯物主义解决了社会历史观的基本问题和核心问题，实现了人类哲学史上的伟大变革。

1. 唯物史观的前提和本质

"现实的个人"是马克思、恩格斯研究人类社会历史的现实前提，也是他们唯物主义地阐明社会历史观的理论前提。"全部人类历史的第一个前提无疑是有生命的个人的存在。"[1]"有生命的个人"即从事着物质资料生产

---

[1]　[德]卡·马克思，弗·恩格斯. 德意志意识形态[M]//中共中央马克思恩格斯列宁斯大林著作编译局编译. 马克思恩格斯文集（第1卷）. 北京：人民出版社，2009：519.

劳动的"现实的个人"[1]。作为人类历史第一个前提的"现实的个人"当然也是唯物主义地阐明人类社会历史的理论前提。

"现实的个人"主要是针对19世纪40年代的德国思想界唯心主义历史观的前提和出发点提出的。德国古典哲学从康德到黑格尔都把人看作自我创造、自我成就的主体,从根本上破除宗教神学教条的同时,也把人的精神看作自己哲学的前提。无论黑格尔的"绝对精神",还是青年黑格尔派的"思辨的个人",本质上都是思辨的唯心主义历史观。"类本质"意义下抽象的自然人是费尔巴哈历史观的出发点。费尔巴哈从感性的、生物学意义上的自然人出发考察历史,在历史观上和其他旧唯物主义者一样,仍然是一个唯心主义者,没能唯物主义地揭示社会历史的本质和规律。

社会存在决定社会意识是唯物史观的本质。在科学、系统地理解社会物质生产劳动的基础上,马克思恩格斯得出了物质生产决定精神生产的结论,在社会历史观的基本问题即社会存在和社会意识的关系问题上,得出了唯物主义的回答。意识既不是独立于社会之外的主体,也不是脱离社会物质生产劳动对自然对象的单纯直观。"意识在任何时候都只能是被意识到了的存在,而人们的存在就是他们的现实生活过程。"[2]"不是人们的意识决定人们的存在,相反,是人们的社会存在决定人们的意识。"[3]

以自然观为例。自然观是以物质生产劳动为中介的人与自然之间关系在人的意识中的反映,即人与自然之间的理论关系。在不同的社会物质生产条件下,即在人与自然之间实践关系的不同阶段,人与自然之间的理论关系有

---

[1] "我们开始要谈的前提并不是任意提出的,不是教条,而是一些只有在臆想中才能撇开的现实前提。这是一些现实的个人,是他们的活动和他们的物质生活条件,包括他们已有的和由他们自己的活动创造出来的物质生活条件。因此,这些前提可以用纯粹经验的方法来确认。"见[德]卡·马克思,弗·恩格斯. 德意志意识形态[M]//中共中央马克思恩格斯列宁斯大林著作编译局编译. 马克思恩格斯文集(第1卷). 北京:人民出版社,2009:519. ——笔者注

[2] [德]卡·马克思,弗·恩格斯. 德意志意识形态[M]//中共中央马克思恩格斯列宁斯大林著作编译局编译. 马克思恩格斯文集(第1卷). 北京:人民出版社,2009:525.

[3] [德]卡·马克思.《政治经济学批判》序言. [M]//中共中央马克思恩格斯列宁斯大林著作编译局编译. 马克思恩格斯文集(第2卷). 北京:人民出版社,1995:32.

三、基于物质生产劳动的哲学新发现

着不同的性质和内容。在人类早期,在"自然界几乎还没有被历史的进程所改变"的情形下,"人们同自然界的关系完全像动物同自然界的关系一样,人们就像牲畜一样慑服于自然界,因而,这是对自然界的一种纯粹动物式的意识(自然宗教)"[1]。人依附自然而生存,自然是人敬畏和崇拜的超自然对象。简言之,人与自然之间的理论关系表现为宗教自然观,或自然宗教观。在近代,随着工业革命和近代自然科学的发展,自然从人的崇拜对象变为加工和改造的对象,人从自然的崇拜者变为自然的主人,人的理性成为人的崇拜对象,科学主义思潮兴起。换言之,具有人本主义倾向的机械自然观占据了人和自然关系理论的主导地位,取代了宗教自然观。人对自然不再敬畏,自然失去了往日的神圣性和神秘色彩,成为人征服和改造的资料库。黑格尔的创造世界的绝对观念本质上就是人的理性的抽象化、绝对化。相对于宗教自然观,机械自然观建立在近代自然科学发展的基础上,具有一定的历史进步性,但却陷入了形而上学,把人和自然看作非此即彼的对立两极。

社会存在和社会意识的关系问题看似简单,却是社会历史观的基本问题。"人们的意识决定于人们的存在而不是相反,这个原理看来很简单,但是仔细考察一下也会立即发现,这个原理的最初结论就给了一切唯心主义,甚至给最隐蔽的唯心主义当头一棒。关于一切历史的东西的全部传统的和习惯的观点都被这个原理否定了。"[2]

2. 唯物史观的基本内容

社会基本矛盾运动是唯物史观的基本内容。在社会发展动力问题上,马克思、恩格斯从社会物质生产内部寻求社会自身发展的动力,即物质生产

---

[1] [德]卡·马克思,弗·恩格斯. 德意志意识形态[M]//中共中央马克思恩格斯列宁斯大林著作编译局编译. 马克思恩格斯文集(第1卷). 北京: 人民出版社, 2009: 534.
[2] [德]弗·恩格斯,卡尔·马克思《政治经济学批判·第一分册》[M]//中共中央马克思恩格斯列宁斯大林著作编译局编译. 马克思恩格斯文集(第2卷). 北京: 人民出版社, 1995: 39.

劳动的内在机制——生产力和交往形式（生产关系）的矛盾运动，而不是从外部的自然或超历史的因素。这一点也是马克思主义哲学实现革命变革的关键。

物质生产劳动的内在矛盾，即生产力和生产关系的矛盾，是人类社会自我运动发展的内在机制，也是人类社会发展的根本动力或一般动力；在阶级社会中，这一矛盾具体表现为代表生产力的劳动者阶级或被统治阶级和代表生产关系的统治阶级之间的矛盾，因此，统治阶级和被统治阶级之间的阶级矛盾构成阶级社会发展的直接动力或特殊动力。这一矛盾运动是唯物史观的核心。

对物质生产劳动在社会发展中作为根本动力或一般动力的作用，马克思、恩格斯是通过对物质生产劳动在整个社会生活、现实历史中的基础作用加以说明的。"这种历史观就在于：从直接生活的物质生产出发阐述现实的生产过程，把同这种生产方式相联系的、它所产生的交往形式即各个不同阶段上的市民社会理解为整个历史的基础，从市民社会作为国家的活动描述市民社会，同时从市民社会出发阐明意识的所有各种不同的理论产物和形式，如宗教、哲学、道德等等，而且追溯它们产生的过程。"[1]马克思、恩格斯通过考察人类社会发展历史发现：人类历史的第一个前提"现实的个人"正是为了生活才开始了人类历史的第一个活动，即物质生活资料的生产。为了生产，"现实的个人"又必须结成一定的关系，即社会的经济关系，这些生产关系的总和构成了市民社会即经济基础。经济基础又决定了社会的上层建筑和意识形态产生、发展及其变革。因此，生产力和生产关系、经济基础和上层建筑之间的矛盾运动推动了整个社会的发展。

生产力与生产关系、经济基础与上层建筑之间的辩证矛盾运动，揭示了社会有机体内经济、政治、思想等各种社会关系的有机联系，形成马克思主义社会形态理论。任何一种社会形态虽然都有其特殊的性质，但它们又都遵

---

[1] [德]卡·马克思, 弗·恩格斯. 德意志意识形态[M]//中共中央马克思恩格斯列宁斯大林著作编译局编译. 马克思恩格斯文集（第1卷）. 北京：人民出版社，2009：544.

三、基于物质生产劳动的哲学新发现

循着生产关系一定要适合生产力的发展状况和上层建筑一定要适合经济基础的发展状况的一般规律运行。运用这种唯物史观的方法来考察人类社会发展的历史，马克思、恩格斯把人类社会历史划分为依次更替的五种社会形态：部落所有制、古典古代的国家所有制和公社所有制、封建所有制、资本主义所有制和共产主义所有制。这样，马克思、恩格斯就揭示了人类社会的发展实质上就是基于生产力发展基础之上的生产关系特别是生产资料所有制更替的历史。

马克思、恩格斯从社会物质生产内部寻求自身发展的动力，而不是从外部的自然或超历史的因素，是马克思主义哲学在社会发展动力问题上实现革命变革的关键，也标志着马克思的第一个伟大发现——唯物史观的基本完成。

唯物史观是马克思的第一个发现，狭义上的唯物史观即社会历史观是马克思、恩格斯新世界观的重要组成部分，广义的唯物史观是马克思、恩格斯新世界观分析问题的理论范式。在唯物史观的理论视域下，在以"对象性活动"为特点的实践思维模式下，马克思、恩格斯把以物质生产劳动为基础和中介的人与自然、人与人以及人与自身关系反映为一个共同生成、相互依存、相互制约的理论整体；在以物质生产劳动为基础和中介的自然界和人类社会的对立统一关系中，确立了唯物辩证的自然观和唯物辩证的历史观相统一的马克思主义哲学思想体系，实现了对黑格尔辩证唯心主义和以费尔巴哈为代表的直观唯物主义的双重超越。

四、基于雇佣劳动的资本形式历史总批判

马克思、恩格斯从物质生产劳动的社会历史性形式出发，即从物质生产劳动在具有资本性质的商品经济形态下的具体表现——雇佣劳动出发，揭示了资本主义社会生产的特殊性、暂时性，批判了资产阶级古典经济学建立在劳动自然性基础上资本主义社会的永恒性，为推翻资本主义实现共产主义奠定了经济学（科学）基础。

商品形式、货币形式和资本形式是商品经济形态下劳动产品的价值表现形式。其中，商品形式是最为基本的表现形式。随着社会分工和交换的进一步发展，商品二要素的内在矛盾外在化为商品和货币的直接对立。作为商品交换媒介的一般等价物的货币，是内在于商品的价值要素的外在化、独立化。随着商品生产和商品交换的进一步发展，社会赋予货币的权力也进一步增大。货币成为一般商品。在商品生产和商品交换的冲击、影响下，劳动者自然形成的社会共同体解体，劳动者和劳动条件相分离，劳动能力成为自由的一无所有的劳动者的唯一所有物，劳动力成为商品。物质生产劳动成为雇佣劳动。商品生产普遍化，商品生产发展到完成形态或成熟形态，即具有资本性质的商品生产或资本主义商品生产。货币转化为资本。从劳动产品价值形式的角度，即从劳动社会性角度剖析资本主义生产关系和交换关系的性

质，是资产阶级古典经济学的根本缺陷[1]，也是马克思主义政治经济学的突出贡献。

以资本生产方式下物质生产劳动的具体表现形式——雇佣劳动为核心，以劳动产品的价值形式发展——商品形式、货币形式和资本形式为线索，通过对资本形式的历史总批判，揭示资本及其价值增殖——剩余价值生产的来源和本质。

（一）抽象劳动与商品

商品生产是资本生产的历史前提和现实基础，商品生产的特点必然内在地包含在资本生产中。澄清商品生产及其在观念中的反映——商品拜物教的本质，是理解资本生产及其在观念中的反映——资本拜物教的理论前提。

1. 商品经济的基本矛盾

私人劳动和社会劳动的矛盾是以私有制为基础的商品经济的基本矛盾。这一矛盾既体现商品经济的特点，也决定着商品生产者的命运。商品交换是解决才能这一矛盾的唯一途径。

---

[1] "古典政治经济学的根本缺点之一，就是它从来没有从商品的分析,特别是商品价值的分析中，发现那种真正是使价值成为交换价值的价值形式。恰恰是古典政治经济学的最优秀的代表人物，像亚·斯密和李嘉图，把价值形式看成一种完全无关紧要的东西或在商品本性之外存在的东西。这不仅仅因为价值量的分析把他们的注意力完全吸引住了。还有更深刻的原因。劳动产品的价值形式是资产阶级生产方式的最抽象的、但也是最一般的形式，这就使资产阶级生产方式成为一种特殊的社会生产类型，因而同时具有历史的特征。因此，如果把资产阶级生产方式误认为是社会生产的永恒的自然形式，那就必然会忽略价值形式的特殊性，从而商品形式及其进一步发展——货币形式、资本形式等等的特殊性。"见[德]卡·马克思.资本论（第1卷）[M].中共中央马克思恩格斯列宁斯大林著作编译局编译.北京：人民出版社，2004：98-99注（32）.——笔者注

商品经济是商品生产、交换及货币流通的统称，是一种直接以交换为目的的经济形式。商品经济经历了由简单商品经济到发达商品经济的发展过程。简单商品经济是以生产资料个体所有制为基础，以满足商品生产者自身需要为目的，社会分工不发达的个体经济。资本主义商品经济是以资本主义私有制和雇佣劳动为基础，以剩余价值生产为目的，社会分工发达的商品经济，是发达的商品经济。劳动力成为商品，是商品经济普遍化、成熟化的标志，也是商品经济发展成熟的标志。至此，商品经济替代自然经济成为占统治地位的经济形式。

商品是资本主义商品经济的细胞。商品及商品经济内在地包含着使用价值和价值、具体劳动和抽象劳动、私人劳动和社会劳动等多种矛盾。其中，私人劳动和社会劳动的矛盾是私有制基础上商品经济的基本矛盾。私人劳动即单个人的直接劳动或个别劳动，社会劳动即"［单个的直接劳动］的共同的、社会的性质——劳动作为一般劳动的对象化和作为满足一般需要的［手段的］性质"[1]。

社会分工和生产资料私有制是商品生产的前提和基础，也是私人劳动和社会劳动之间矛盾得以存在的社会性前提和基础。在以私有制为基础的商品生产中，分工使生产者的劳动具有了两重性的特点。一方面，社会分工使商品生产者的劳动具有社会性的特点。在社会分工[2]体系中，每个商品生产者都会从事某一种商品的生产，他们彼此依存，相互联系，共同构成社会劳动总体。他们的劳动在性质上属于社会劳动。另一方面，在生产资

---

[1] ［德］卡·马克思. 1857—1858年经济学手稿[M]//中共中央马克思恩格斯列宁斯大林著作编译局编译. 马克思恩格斯全集（第31卷）. 北京: 人民出版社, 1998: 105.

[2] "在商品世界中，发达的分工是作为前提存在的，或者更正确地说，这种分工直接表现在使用价值的多样性上，这些使用价值作为特殊商品彼此对立并包含着同样多种多样的劳动方式。分工作为一切特殊的生产活动的方式的总体，是从物质方面、作为生产使用价值的劳动来考察的社会劳动的总体形态。但是，从商品的角度以及从交换过程内部来看，分工本身只在它的结果、在商品本身的分化中存在。"见［德］卡·马克思. 1859—1861年经济学著作和手稿[M]//中共中央马克思恩格斯列宁斯大林著作编译局编译. 马克思恩格斯全集（第31卷）. 北京: 人民出版社, 1998: 444-445.——笔者注

料私有制的社会里，生产资料和劳动产品属于不同所有者私人所有。每个商品生产者如何生产、生产什么、生产多少，完全由他们自己决定，并自负盈亏。这就使商品生产者的劳动又具有了私人性的特点，在性质上属于私人劳动。因此社会劳动和私人劳动之间的矛盾成为私有制基础上商品生产的基本矛盾。

以私人劳动为前提的社会劳动的出现，是私人劳动和社会劳动之间矛盾发生的历史前提。在人类社会物质生产发展的不同历史时期，私人劳动和社会劳动的关系也不一样。在人类社会早期，以自然血缘为纽带形成的自然共同体——原始公社是社会生产劳动的社会组织形式，私有制还没有出现，人类劳动表现为社会成员的共同劳动，私人劳动和社会劳动还没有分化，个人的私人劳动直接就是社会劳动，二者直接同一。个人的劳动产品也是属于自然共同体的公共产品。在自给自足的自然经济形态下，人类劳动按照自然的联系——性别发生分工，男耕女织，在家庭的范围内出现了私人劳动和社会劳动的初步分化。农村宗法式生产是自给自足自然经济形态下的主要生产方式，家庭中男耕女织，满足家庭生活需要。在家庭的范围内，男子从事农业活动的劳动产品——农产品和女子从事家庭手工业活动的劳动产品——日常生活用品或纱与布都是社会产品，他们的劳动属于家庭范围内的社会劳动。这时，个人一定的、自然形式的特殊劳动，成为联系社会的纽带。只有当社会物质生产发展到以私有制为基础的商品经济形态时，每个人的劳动虽然生产使用价值，但却以交换价值为目的；每个人的劳动时间虽然直接表现为个人的个别劳动时间，但却只能以一般劳动时间加以计量；每个的劳动虽然以私人劳动的形式存在，但一般劳动即社会劳动却是其有效与否的判定标准，即私人劳动需要通过交换得到肯定。此时，私人劳动和社会劳动处于直接对立状态，二者完全分化。社会劳动就是以交换价值形式表现出来的劳动，或表现在交换价值形式中的劳动，是个别的私人劳动的抽象的一般性形式。

社会劳动以个人劳动或私人劳动为前提[1]。随着机器大工业的发展，在以自然力服从于社会智力为前提的自动化机器生产过程中，工人的直接劳动变成主要是看管和调节的活动，劳动者的直接劳动本身不再是生产的基础，劳动产品也不再表现为单个人直接劳动的产品，而是作为生产者社会活动的结合——"单个人的劳动在它的直接存在中已成为被扬弃的个别劳动，即成为社会劳动"[2]。私人劳动和社会劳动两者在高度自动化、社会化的机器体系生产基础上重新归于统一。于是，商品经济及其成熟形态的资本生产方式因失去存在的生产基础也必然走出历史舞台。以产品经济代替商品经济成为新的经济形态。

私人劳动和社会劳动的矛盾只有通过商品交换才能获得解决。商品交换成功，意味着商品生产者的私人劳动得到了社会的承认，耗费在商品中的私人劳动就能得到补偿，就会实现其价值。如果商品只能卖出去一部分，商品生产者的私人劳动就不能全部转化为社会劳动。如果卖不出去，私人劳动就全部不能转化为社会劳动，生产中耗费的私人劳动就完全不能得到补偿。这样，商品生产者就会赔本，以致破产、倒闭。总之，私人劳动能不能转为社会劳动，以及转化为多少社会劳动，决定着简单商品生产者在市场竞争中的地位和命运，也决定着他的再生产过程能否顺利进行，进而整个社会的物质资料的再生产过程能否顺利进行。

2. 商品交换的实质

商品交换实质上是具体劳动还原为抽象劳动。要进行商品交换，就必须

---

[1] "表现在交换价值中的劳动是以分散的个人劳动为前提的。这种劳动要通过它采取与自身直接对立的形式，即抽象的一般性的形式，才变成社会劳动。"见［德］卡·马克思. 1859—1861年经济学著作和手稿[M]//中共中央马克思恩格斯列宁斯大林著作编译局编译. 马克思恩格斯全集（第31卷）. 北京：人民出版社，1998：426.——笔者注

[2] ［德］卡·马克思. 1857—1858年经济学手稿[M]//中共中央马克思恩格斯列宁斯大林著作编译局编译. 马克思恩格斯全集（第31卷）. 北京：人民出版社，1998：105.——笔者注

四、基于雇佣劳动的资本形式历史总批判

把生产商品使用价值的具体劳动还原为生产商品价值的抽象劳动。具体劳动不能还原为抽象劳动,意味着商品的使用价值没有实现为交换价值,也就是商品没有卖出去,商品生产者的生产目的没有实现。

"商品交换关系的明显特点,正在于抽去商品的使用价值。"[1]抽去了使用价值之后的商品,只剩下单纯的交换价值一种存在形式。这只是对商品本身而言的,对于商品的监护人,即商品占有者来说,却非如此!商品是用来交换的劳动产品,因此,对于每一个商品占有者来说,他们占有商品都不是为了直接需要商品的使用价值,而是只想出让自己的商品以换取其他能够满足他本人需要的使用价值。也就是说,对占有者而言,商品没有直接的使用价值,有的只是非使用价值,即"只是它本身的价值的表现形式"[2],使用价值只是换取交换价值的手段。商品占有者手中的每个商品(使用价值)必须全面转手!

具体劳动还原为抽象劳动,是实现商品交换的必要前提。在商品交换中,交换价值是每个商品的唯一存在形式。因此,把不同种类商品的使用价值计量为可以通约、比较的交换价值成为商品交换的客观前提。这一环节是通过把生产商品使用价值的具体劳动还原为生产商品交换价值的抽象劳动来实现的。

具体劳动还原为抽象劳动,商品的使用价值表现为交换价值。具体劳动是生产商品使用价值的特殊劳动,抽象劳动是生产商品价值的一般劳动。在以社会分工和生产资料私有制为前提和基础的商品生产中,一方面,每个商品的使用价值都是"自然物质和劳动这两种要素的结合"[3],都是一定有目的的生产活动或具体的有用劳动的对象化。具体劳动是人和自然关系的中介

---

[1] [德]卡·马克思.资本论(第1卷)[M].中共中央马克思恩格斯列宁斯大林著作编译局编译.北京:人民出版社,2004:50.

[2] [德]卡·马克思.资本论(第1卷)[M].中共中央马克思恩格斯列宁斯大林著作编译局编译.北京:人民出版社,2004:104.

[3] [德]卡·马克思.资本论(第1卷)[M].中共中央马克思恩格斯列宁斯大林著作编译局编译.北京:人民出版社,2004:56.

和基础,是一切社会存在和发展的基础。由不同种类的具体劳动生产的各种使用价值,不论社会形式如何,它们总是构成财富的物质内容。另一方面,如果撇开物质生产活动的具体有用性,即抽去具体劳动的各种特殊性质和特点,那么这种经过理性抽象的人类劳动,就不包含"一个自然物质原子",只是"作为同一的社会单位即人类劳动的表现"[1]。这种经过抽象的人类劳动就是抽象劳动。这种无个性、无差别的抽象劳动或一般劳动的对象化,构成商品同质化、可通约、可计量的交换价值。

具体劳动还原为抽象劳动,也就是私人劳动转化为社会劳动。从具体的特殊劳动中抽象出一般劳动,既是人类社会生产发展的产物,也是交换过程发展的产物。抽象劳动就是对诸多个别的具体劳动的抽象,是存在并蕴含于每一个别劳动之中的、各种个别的具体劳动的共同性、一般性,即社会性。换言之,具体劳动在本质上属于私人劳动,抽象劳动在本质上属于社会劳动。因此,在以生产资料私有制为基础的社会分工体系下,不同商品所有者之间的商品交换关系,实质上是劳动交换关系。"交换价值制度,以劳动为尺度的等价物的交换……"[2]商品生产是以交换价值为基础的生产,交换价值是商品生产的目的。社会劳动是不同商品生产者之间私人劳动相交换的尺度。以社会劳动为内容的抽象劳动就是交换的尺度,这个尺度随着社会生产力的变化而变化。

总之,具体劳动还原为抽象劳动,就是把商品不同质的自然存在形式转换为同质化的价值存在形式,通过商品交换使私人劳动和社会劳动之间的矛盾获得解决,社会再生产过程得以顺利运行。

---

[1] [德]卡·马克思. 资本论(第1卷)[M]. 中共中央马克思恩格斯列宁斯大林著作编译局编译. 北京: 人民出版社, 2004: 61.

[2] [德]卡·马克思. 1857—1858年经济学手稿[M]//中共中央马克思恩格斯列宁斯大林著作编译局编译. 马克思恩格斯全集(第30卷). 北京: 人民出版社, 1995: 505.

3. 商品拜物教批判

商品拜物教，就是"商品世界具有的拜物教性质或劳动的社会规定所具有的物的外观"[1]。所谓劳动的社会规定所具有的物的外观，就是指在商品生产和交换中，从本质上看，劳动产品必须以交换价值的形式存在，个人具体的特殊性劳动必须以一般性的抽象劳动加以计量，劳动产品以及生产产品的劳动本身的社会规定均被自然规定掩盖、遮蔽甚至抹杀。换言之，劳动及其产品的社会属性披上了劳动及其产品自然属性的外衣。马克思把商品世界中存在的这种物象或幻象[2]称为商品拜物教。

拜物教也称"崇拜物"，与宗教有关。商品拜物教就是把商品奉为崇拜物，赋予商品本身并不具有的神秘力量。商品拜物教是经济领域中的拜物教，是经济崇拜物。经济崇拜物在一定程度上类似于宗教崇拜物，但又不完全相同。因为宗教拜物教的神秘力量来源于思想过程，是思想或文化赋予自己的创造物以明显的力量，但由于思想本身并没有真正使事物成为那样，所以宗教崇拜物并没有真正获得思想赋予它的那种神秘力量。但如果一种文化崇拜一种东西，那它的成员就会觉得它具有这种力量。因此，崇拜物就显现为具有一种它实际上并不具有的力量，而这种在现实世界中并不存在的力量，也只能存在于宗教世界中，即虚幻的世界中。

与宗教崇拜物不同，经济崇拜物的神秘力量不是来自思想过程，而是

---

[1] [德]卡·马克思.资本论（第1卷）[M].中共中央马克思恩格斯列宁斯大林著作编译局编译.北京：人民出版社，2004：100.

[2] "商品形式和它借以得到表现的劳动产品的价值关系，是同劳动产品的物理性质以及由此产生的物的关系完全无关的。这只是人们自己的一定的社会关系，但它在人们面前采取了物与物的关系的虚幻形式。因此，要找一个比喻，我们就得逃到宗教世界的幻境中去。在那里，人脑的产物表现为赋有生命的、彼此发生关系并同人发生关系的独立存在的东西。在商品世界里，人手的产物也是这样。我把这叫作拜物教。"见[德]卡·马克思.资本论（第1卷）[M].中共中央马克思恩格斯列宁斯大林著作编译局编译.北京：人民出版社，2004：89-90.——笔者注

来自生产过程。商品拜物教的神秘力量产生并存在于商品生产的过程中，伴随商品生产的全过程，随商品生产方式的消失而消失，也不会因为人对这种拜物教性质的认识而发生变化。"劳动产品一旦作为商品来生产，就带上拜物教的性质，因此拜物教是同商品生产分不开的。"[1]因此，商品拜物教在以商品生产为主导的社会里具有自然必然性的特点，它作为一种客观存在的社会力量支配着人，人也必然会受这种力量的统治和支配。只有随着社会物质生产的发展，当社会物质生产过程处于人的有意识有计划的控制之下的时候，商品拜物教等经济崇拜物才会消失。

在商品生产中，生产商品的劳动所特有的社会性质是商品拜物教的来源，也是商品拜物教产生的原因。"商品世界的这种拜物教性质……是来源于生产商品的劳动所特有的社会性质。"[2]在私有制为基础的商品经济中，私人劳动和社会劳动的矛盾通过商品交换解决的，这就意味着生产劳动的社会性特征只表现为交换，而不表现为生产，交换价值和它的物质基础相分离。具体地说，在商品生产中，生产使用价值的具体劳动是特殊的私人劳动，不具有直接的社会性，生产者之间的社会关系只能通过劳动产品的交换间接地发生。简言之，私人劳动的社会性质是间接的，只能通过交换来体现。生产交换价值的"劳动的一般性是劳动的直接社会形式"[3]，以交换价值形式存在的商品当然也直接地是社会的。因此，在商品生产中，商品生产者——人与人之间的关系，需要通过商品交换——物与物之间的关系表

---

[1] [德]卡·马克思.资本论(第1卷)[M].中共中央马克思恩格斯列宁斯大林著作编译局编译.北京：人民出版社，2004：90.

[2] [德]卡·马克思.资本论(第1卷)[M].中共中央马克思恩格斯列宁斯大林著作编译局编译.北京：人民出版社，2004：90.

[3] [德]卡·马克思.资本论(第1卷)[M].中共中央马克思恩格斯列宁斯大林著作编译局编译.北京：人民出版社，2004：95.

现出来[1]。物人化，人物化，商品成了可感觉又超感觉的神秘之物。而在其他的生产形式中，无论是以人身依附为特征的中世纪生产，还是农村家长制生产，甚至未来的自由人联合体，生产劳动的特殊性和一般性、私人性和社会性都是直接地统一于生产过程之中，生产者之间的联系也是直接的，他们的劳动直接地表现为社会劳动，他们在劳动中的社会关系不需要披上物的外衣。劳动的社会性同直接生产相分离的情况不存在了，商品拜物教等经济崇拜物因失去了存在的前提也就随之不会存在了。

因此，伴随商品生产出现的商品拜物教是商品生产方式的必然产物，只能随着商品生产退出人类社会物质生产的历史舞台而消失于历史的视野之外。

（二）社会劳动与货币

货币产生是交换发展的历史必然，货币的本质是一般等价物，充当商品交换的尺度和中介。从本质上看，货币是商品内部使用价值和价值之间矛盾的外部解决，即交换价值外在化、独立化，或以价值或交换价值形式存在的商品。作为一般等价物，货币的价值实体是社会劳动。在资本生产方式下，货币形式是商品形式的一般表现，也是资本的原始形态，是联结商品和资本的中介。厘清货币以及与之共存的货币拜物教的本质，为我们揭破商品和资本的关系以及资本和雇佣劳动的关系指明了方向。

---

[1] "商品形式的奥秘不过在于：商品形式在人们面前把人们本身劳动的社会性质反映成劳动产品本身的物的性质，反映成这些物的天然的社会属性，从而把生产者同总劳动的社会关系反映成存在于生产者之外的物与物之间的社会关系。由于这种转换，劳动产品成了商品，成了可感觉而又超感觉的物或社会的物。"见［德］卡·马克思. 资本论（第1卷）[M]. 中共中央马克思恩格斯列宁斯大林著作编译局编译. 北京：人民出版社，2004：89. —— 笔者注

1. 货币的产生

商品是用来交换的劳动产品，交换的前提是把不同质的商品同质化，使不同种类的商品可以对照、比较，使交换成为可能。这就需要把商品的使用价值转化为交换价值，从自然形式转变为价值形式，即交换价值在自身的纯粹形式上确定下来。要实现这种形态转换，则必须把商品自身内在包含的使用价值和价值的二重矛盾普遍化，即交换价值外在化、独立化。一言之，交换价值成为一种二重物，即以商品形式存在是交换价值和以货币形式存在的交换价值。交换价值内在于商品，抽象劳动内在于具体劳动，是商品交换价值货币形式化的可能性前提；而原子化的私人劳动与生产社会性缺乏直接联系则是商品需要以交换价值形式存在、交换价值需要外化为货币形式的必要性依据。

商品以价值形式存在是商品交换的前提。在交换之前，必须把不同性质的商品同质化，使不可比较、不可通约的商品可比较、可通约，商品的这种形态变换是通过"抽象化"来完成。"正如一般说来，一种关系只有通过抽象，才能取得一个特殊的化身，才能使自身重新个体化。"[1]所谓抽象化，就是把商品中一切物质性的自然属性抽象掉，把它当作单纯的交换价值，然后就可以拿这个交换价值和其他交换价值进行比较和交换。在主观性的头脑或想象中，商品的这种形态变化可以通过单纯的抽象来完成，但在客观的现实交换中，"必须有一种实际的中介，一种手段，来实现这种抽象"[2]。这种实际的物质中介和手段就是作为商品价值形式的等价形式[3]。货币是充当

---

[1] 见［德］卡·马克思. 1857—1858年经济学手稿［M］//中共中央马克思恩格斯列宁斯大林著作编译局编译. 马克思恩格斯全集（第30卷）. 北京：人民出版社，1995：91.

[2] 见［德］卡·马克思. 1857—1858年经济学手稿［M］//中共中央马克思恩格斯列宁斯大林著作编译局编译. 马克思恩格斯全集（第30卷）. 北京：人民出版社，1995：91.

[3] "一个商品的等价形式就是它能与另一个商品直接交换的形式。"［德］卡·马克思. 资本论（第1卷）［M］. 中共中央马克思恩格斯列宁斯大林著作编译局编译. 北京：人民出版社，2004：70. —— 笔者注

一般等价物的商品，即一般商品。这是货币的本质。

商品的交换价值外在化、独立化为货币是交换发展的必然产物，也是商品自身的二种存在形式——自然存在形式和价值存在形式——之间的差别和对立发展的必然结果。[1]商品作为"二重物"，内在地包含着它的两种存在形式不能互相转换的可能性。在自然形式上，商品虽然潜在地包含着交换价值，但只能作为使用价值存在；在价值形式上，以交换价值形式存在的商品，却只能以使用价值为物质载体。商品内在包含的"这种二重的、不同的存在必然发展为差别，差别必然发展为对立和矛盾。商品作为产品的特殊性同商品作为交换价值的一般性之间的这个矛盾，产生了二重设定商品的必要性，即一方面表现为这种一定的商品，另方面表现为货币"[2]，使不同商品之间的交换成为可能。"作为价值，商品是货币。"[3]于是，交换价值除了在商品上、作为商品的要素存在以外，又通过与商品实体的分离在货币上取得了自身的存在，表现为与商品相对立的第三物。交换价值成为一种二重的存在物。作为商品存在的交换价值，仍然体现着商品的本质；作为货币存在的交换价值，则独立地存在于商品之外。作为货币存在的交换价值，不再作为商品的属性和一般性质存在，而是成为一种与商品并列的、个体化的特殊商品。在这个意义上，货币是固定在某一种物上的商品的可交换性，体现在特定物上的商品的交换价值，是商品交换价值的外在化、独立化。这是货币的内在特点。

---

[1]　"货币结晶是交换过程的必然产物，在交换过程中，各种不同的劳动产品事实上彼此等同，从而事实上转化为商品。交换的扩大和加深的历史过程，使商品本性中潜伏着的使用价值和价值的对立发展起来。为了交易，需要这一对立在外部表现出来，这就要求商品价值有一个独立的形式，这个需要一直存在，直到由于商品分为商品和货币这种二重化而最终取得这个形式为止。可见，随着劳动产品转化为商品，商品就在同一程度上转化为货币。"见［德］卡·马克思. 资本论（第1卷）[M]. 中共中央马克思恩格斯列宁斯大林著作编译局编译. 北京：人民出版社，2004：106. —— 笔者注

[2]　［德］卡·马克思. 1857—1858年经济学手稿[M]//中共中央马克思恩格斯列宁斯大林著作编译局编译. 马克思恩格斯全集（第30卷）. 北京：人民出版社，1995：96.

[3]　［德］卡·马克思. 1857—1858年经济学手稿[M]//中共中央马克思恩格斯列宁斯大林著作编译局编译. 马克思恩格斯全集（第30卷）. 北京：人民出版社，1995：89.

商品交换价值外在化、独立化本质上是具体劳动还原为抽象劳动，私人劳动转化为社会劳动。不同质的商品的使用价值之所以能够抽象为同质的、共同的交换价值，正是因为生产使用价值的不同的具体有用劳动都是相同的人类劳动力——体力和脑力即一般的抽象劳动耗费。不同质的使用价值之所以有必要交换，是因为生产使用价值的不同生产者的私人劳动是社会分工体系的一部分，是社会总劳动的组成部分。"把使用物品规定为价值，正像语言一样，是人们的社会产物。后来科学发现，劳动产品作为价值，只是生产它们时所耗费的人类劳动的物的表现，这一发现在人类发展史上划了一个时代……。"[1]这其中的关键性和重要性也正如马克思在《资本论》中评价亚里士多德对价值问题的认识时所指出的那样：历史上，亚里士多德作为最早对价值形式进行分析的思想家，他虽然看到了商品的货币形式实质上就是简单价值形式的发展形态或完成形态，也发现了交换过程中不同种类商品的等同性和可通约性，但他对价值形式的分析却只能到此为止，没能也不可能找到存在于不同种不可通约的物的背后使之可以互相通约的共同的价值实体——人类劳动。为什么？原因在于：虽然亚里士多德"在商品的价值表现中发现了等同关系"，却因囿于当时的社会历史条件，没有"发现这种等同关系'实际上'是什么"[2]。因为他不可能在以奴隶劳动为基础的希腊社会，在劳动力以及各种不同种类劳动不平等的自然基础上发现各种劳动的等同性。在社会分工体系里（社会总劳动），把各种劳动同等看待，把各种劳动产品同等看待，这只是在现代资产阶级社会里才成为现实。"劳动一般"或"一般劳动""产品一般"或"一般产品"、甚至一般等价物这些抽象的范畴出现，都是在资本主义商品生产这一特定社会历史条件下产生，而且也只适用于这样的社会。只有在这种情况下，才会出现"商品只有作为同一的

---

[1] [德]卡·马克思. 资本论（第1卷）[M]. 中共中央马克思恩格斯列宁斯大林著作编译局编译. 北京：人民出版社，2004：91.

[2] [德]卡·马克思. 资本论（第1卷）[M]. 中共中央马克思恩格斯列宁斯大林著作编译局编译. 北京：人民出版社，2004：75.

社会单位即人类劳动的表现才具有价值对象性"[1]，货币才会产生。

总之，货币作为一般等价物，是内在于商品的交换价值的外在化、独立化，无差别的人类劳动即抽象劳动、或私人劳动的共同性，即社会劳动是货币这一一般等价物的价值实体。

2. 货币本质的价值实体

货币是固定地充当一般等价物的一般商品。货币的本质是一般等价物。商品的价值表现形式在作为一般等价物的货币形式上真正体现了无差别的人类劳动，体现着商品生产者之间的经济关系[2]。在质上，无差别的人类劳动即抽象劳动或社会劳动是货币的价值实体；在量上，社会必要劳动时间是计量商品价值量（货币）的尺度和标准。因此，从质和量相统一的角度看，社会劳动是货币作为一般等价物的内在价值实体。

价值尺度和交换手段是货币的基本职能。这是由货币的本质决定的。伴随交换价值二重化，商品交换行为分离为两个在空间上和时间上相互独立的、互不相干的行为：买和卖。在买或卖的商品交换的运动中，货币表现为商品交换的中介，即交换手段。在作为价值尺度的规定上，货币同其本身的量无关，或者说货币的现存量是无关紧要的。在作为交换手段规定上，货币的量是经过计量的。因此，为深入理解货币的本质和职能，我们需要分别从质和量两个方面考察货币本质———一般等价物的内在依据——价值实体。

在质上，无差别的人类劳动，即抽象劳动或社会劳动是货币的价值实体。从质的方面看，作为外在化、独立化的交换价值，货币是一般劳动的对象化。一般劳动也即劳动的一般性，即劳动的共同性或生产的社会性，使劳

---

[1] [德]卡·马克思. 资本论（第1卷）[M]. 中共中央马克思恩格斯列宁斯大林著作编译局编译. 北京：人民出版社，2004：61.

[2] "金银作为货币代表一种社会生产关系，不过这种关系采取了一种具有奇特的社会属性的自然物的形式。"见[德]卡·马克思. 资本论（第1卷）[M]. 中共中央马克思恩格斯列宁斯大林著作编译局编译. 北京：人民出版社，2004：101.——笔者注

动产品成为一般产品。在以交换价值生产为基础的社会里,正是劳动的一般性赋予了产品的一般性,生产的社会性赋予了不同种类和性质的使用价值的可交换性。而不是相反。所以,在本质上,货币作为一般劳动的对象化,才能成为商品交换的物质中介。在以生产资料私有制和社会分工为前提的商品生产社会里,原子式的单个人的私人劳动以及劳动产品都不具有直接的一般性,个人的劳动产品只有经过货币的中介作用,才能实现为一般性。[1]货币就是单个人的私人劳动转换为一般性的社会劳动的物质中介。于是,原子式个人私人生产的孤立性和独立性通过商品与货币的交换便产生出世界贸易,产生出个人需要的全面性以及对世界市场的完全依赖性。人们之间的社会联系直接表现在孤立化、个体化的交换价值——货币上。这样,"在交换价值上,人的社会关系转化为物的社会关系;人的能力转化为物的能力。""每个个人以物的形式占有社会权力。"[2]随着社会生产的发展,当共同的、有计划的生产作为社会生产的基础,"单个人的劳动一开始就被设定为社会劳动"[3]的时候,"生产的共同性一开始就使产品成为共同的、一般的产品"[4],人与人之间的直接联系成为生产者之间的社会联系,以货币为中介的商品交换便成为历史。作为交换尺度的货币因失去存在的社会基础而消失。

在量上,社会必要劳动时间是计量商品价值量(货币)的尺度和标准。从量的方面看,作为商品交换价值的外在化,货币代表对象化在商品中凝固

---

[1] "从生产行为本身来考察,单个人的劳动就是他用来直接购买产品即购买自己特殊活动的对象的货币;但这是一种只能用来购买这种特定产品的特殊货币。为了直接成为一般货币,单个人的劳动必须一开始就不是特殊劳动,而是一般劳动,也就是说,必须一开始就成为一般生产的环节。"见〔德〕卡·马克思. 1857—1858年经济学手稿[M]//中共中央马克思恩格斯列宁斯大林著作编译局编译. 马克思恩格斯全集(第30卷). 北京: 人民出版社, 1995: 121.——笔者注

[2] 〔德〕卡·马克思. 1857—1858年经济学手稿[M]//中共中央马克思恩格斯列宁斯大林著作编译局编译. 马克思恩格斯全集(第30卷). 北京: 人民出版社, 1995: 107.

[3] 〔德〕卡·马克思. 1857—1858年经济学手稿[M]//中共中央马克思恩格斯列宁斯大林著作编译局编译. 马克思恩格斯全集(第30卷). 北京: 人民出版社, 1995: 122.

[4] 〔德〕卡·马克思. 1857—1858年经济学手稿[M]//中共中央马克思恩格斯列宁斯大林著作编译局编译. 马克思恩格斯全集(第30卷). 北京: 人民出版社, 1995: 121.

的劳动时间。这里的劳动时间，指的是社会必要劳动时间，而不是生产商品使用价值所耗费的自然劳动时间。只有这样，每一个单位劳动时间内涵的价值量才能没有差别，才可以等值。在交换价值上，商品同货币相等，都是对象化在商品中的一定的物化的劳动时间。商品作为劳动产品，是对象化劳动的产物，那么，在交换价值上，对象化在商品中的"劳动本身的量的存在究竟是什么呢？正如运动的量的存在是时间一样，劳动的量的存在是劳动时间。""作为交换价值，一切商品都只是一定量的凝固的劳动时间。"[1]这里，劳动时间之所以是"凝固的"，因为这种"劳动时间不是处于运动形式，而是处于静止形式；不是处于过程形式，而是处于结果形式"[2]，即已经对象化在商品中的、处于"物化"状态的劳动时间，而不是处于过程状态的劳动时间。这种"凝固的劳动时间"就是对象化在商品中的、可被计量的劳动时间的份额，也就是商品同货币交换比例的依据。

总之，从质的角度看，作为货币价值实体的一般劳动是抽象劳动，也是社会劳动；从量的角度看，货币作为一般等价物，是作为对象化在商品中的物化的社会必要劳动时间；从质和量相统一的角度看，作为货币价值实体的一般劳动只能是社会劳动。

3. 货币拜物教批判

当商品的价值外在化、独立化固定在一种特殊商品金银上时，货币成为一般商品或"财富的一般物质代表"[3]。货币成为商品之王，表现在现实的经济政策和制度上，货币税收逐渐代替实物税收成为国家征税的法定方式，

---

[1] [德]卡·马克思. 1859—1861年经济学著作和手稿[M]//中共中央马克思恩格斯列宁斯大林著作编译局编译. 马克思恩格斯全集（第30卷）. 北京：人民出版社，1995：422.

[2] [德]卡·马克思. 1859—1861年经济学著作和手稿[M]//中共中央马克思恩格斯列宁斯大林著作编译局编译. 马克思恩格斯全集（第30卷）. 北京：人民出版社，1995：92.

[3] 见[德]卡·马克思. 1859—1861年经济学著作和手稿[M]//中共中央马克思恩格斯列宁斯大林著作编译局编译. 马克思恩格斯全集（第30卷）. 北京：人民出版社，1995：173.

甚至成为国库的储备金，货币上升为制度——货币制度；在日常生活中，百姓以金银为饰标榜富贵，对货币自然形式金银的崇拜、炫耀、追求和积累成为时尚，甚而埋藏起来传于后世；表现在思想观念上，货币成为人们追求和崇拜的对象，甚至被教徒信众用作向神庙及其神灵奉献的贡品，以金塑佛身。货币本来是人们为方便交换而设定的交换媒介和手段，现在却成为人们追逐的目标和崇拜的对象，就如同人脑创造了神反过来又崇拜神一样。货币自身所具有的这种拜物教性质的现象即为货币拜物教。

货币拜物教是商品的一般等价形式与一种特殊商品的自然形式——金银结合在一起时所产生的假象。货币是存在于商品之外并与之并存的另一种商品，是商品自身外在化的、现成的价值形态。当货币这一商品的一般等价形式定格在金银这种特殊商品上的时候，金银这些物便成为一切人类劳动的直接化身，拥有了支配其他一切商品的权力。膜拜货币的货币拜物教也随之出现。这样，货币就成为联结以原子式的方式存在的人们的中介，他们在社会生产过程中形成的单纯原子般的生产关系便具有了不以他们的意志和活动为转移的物的外观。与商品拜物教之谜一样的货币拜物教之谜，表现更为明显、耀眼。这是货币拜物教形成的内在机理。

从形成过程上看，拜物教性质是商品交换价值形式普遍具有的一种假象，不过以货币形式尤为显眼。无论是人类早期直接交换中的简单的或偶然的价值形式，扩大的价值形式，还是分工体系下间接交换中的一般价值形式和货币形式，都存在拜物教性质的假象。"在x量商品A=y量商品B这个最简单的价值表现中，就已经存在一种假象，似乎表现另一物的价值量的物不通过这种关系就具有自己的等价形式，似乎这种形式是天然的社会属性。"[1] "一切价值形式的秘密都隐藏在这个简单的价值形式中。"[2] "x量

---

[1] ［德］卡·马克思.资本论（第1卷）[M].中共中央马克思恩格斯列宁斯大林著作编译局编译.北京：人民出版社，2004：112.

[2] ［德］卡·马克思.资本论（第1卷）[M].中共中央马克思恩格斯列宁斯大林著作编译局编译.北京：人民出版社，2004：62.

商品A=y量商品B"是简单的或偶然的价值形式的表达式,是存在于人类早期物物交换中的价值表现形式。在"x量商品A=y量商品B"这个表达式中,等式两端的商品表示由两个商品的价值关系形成的同一价值表现的两极。前一个商品,是被表现价值的商品,起主动作用,在价值形式中处于相对价值形式上,其价值表现为相对价值;后一个商品,是表现价值的商品,在价值形式中处于等价形式上,起被动的等价物作用。"商品的等价形式不包含价值的量和规定。"[1]在等价形式上,商品的自然形式——使用价值成为表现另一个商品的价值形式。所以,在"x量商品A=y量商品B"这个表达式中,处于等价形式的商品B是个别等价物。随着分工和交换的发展,商品的价值形式发展为扩大的价值形式,一个商品的价值可以通过多个商品的使用价值表现出来,处于等价形式的商品是多个个别等价物。随着机器大工业的出现,生产机械化,劳动分工更加细密化,商品交换普遍化,一般等价物代替个别等价物成为等价形式,价值形式发展为一般价值形式。一般等价物的物体形式成为"一切人类劳动的可以看得见的化身"[2],一般等价物可以同一切商品都相交换。当处于等价形式上的一般等价物固定在金银上时,货币就产生了。货币是商品价值形式中处于等价形式上的一般等价物,它以金银的自然形式体现着其他一切商品的价值。自此,商品价值表现中的等价形式和金银的自然形式结合在一起,人类劳动的一般性、共同性便披上了金银这种自然物的闪亮外衣,而金银这种自然物也便获得了支配他人劳动的社会性权力。这样,商品世界具有的货币拜物教的本质就昭然若揭了,"货币之谜"[3]也

---

[1] [德]卡·马克思.资本论(第1卷)[M].中共中央马克思恩格斯列宁斯大林著作编译局编译.北京:人民出版社,2004:71.

[2] [德]卡·马克思.资本论(第1卷)[M].中共中央马克思恩格斯列宁斯大林著作编译局编译.北京:人民出版社,2004:83.

[3] 这也是马克思分析阐明商品价值形式问题的目的:"我们要做资产阶级经济学从来没有打算做的事情:指明这种货币形式的起源,就是说,探讨商品价值关系中包含的价值表现,怎样从最简单的最不显眼的样子一直发展到炫目的货币形式。这样,货币的谜就会随着消失。"见[德]卡·马克思.资本论(第1卷)[M].中共中央马克思恩格斯列宁斯大林著作编译局编译.北京:人民出版社,2004:62.——笔者注

随之消失。

当然，揭示了货币拜物教的本质却并不能消除货币拜物教本身，能够消除的只是"货币拜物教之谜"或货币拜物教的神秘性。在商品生产中，只要商品生产者之间直接的联系没有建立起来，他们在商品生产过程中形成的"单纯原子般的关系"没有得到改变，货币拜物教的这种本质[1]就不会改变，也不会消失。但是，揭破货币拜物教的谜底，为我们揭破资本拜物教乃至雇佣劳动和资本的关系之谜指明方向。

（三）雇佣劳动与资本

劳动产品表现为商品，劳动表现为价值。劳动者和生产条件相分离，劳动力成为商品，劳动成为雇佣劳动。这是资本主义生产的根本前提。雇佣劳动内在地包含在资本的概念中，成为资本的一部分。资本无偿占有雇佣工人的剩余劳动或剩余价值成为资本主义生产的实质和内在动力。

1. 资本主义生产的根本前提

劳动者和劳动条件相分离，劳动力成为商品，是资本主义生产[2]的根本

---

[1] "金银作为货币代表一种社会生产关系，不过这种关系采取了一种具有奇特的社会属性的自然物的形式。"［德］卡·马克思. 资本论（第1卷）[M]. 中共中央马克思恩格斯列宁斯大林著作编译局编译. 北京：人民出版社，2004：101. ——笔者注

[2] "资产阶级社会的基本前提是：劳动直接生产交换价值，从而生产货币；而货币也直接购买劳动，从而购买工人……因此，一方的雇佣劳动和另一方的资本，都只不过是发达的交换价值和作为交换价值化身的货币的另一些形式。"见［德］卡·马克思. 1857—1858年经济学手稿[M] //中共中央马克思恩格斯列宁斯大林著作编译局编译. 马克思恩格斯全集（第30卷）. 北京：人民出版社，1995：178. ——笔者注

四、基于雇佣劳动的资本形式历史总批判

前提。当作为货币的货币[1]与作为交换价值的劳动力相交换,并把它用于生产领域的时候,货币转化为资本,人类社会历史进入资本生产时代。

劳动力成为商品,是人与人之间的社会关系发展到一定历史阶段的产物,不是自然史上的自发现象。因此,劳动力商品是一种暂时的、历史的社会性存在,不是从来就有的,也不会永恒存在下去。劳动力作为商品,以交换价值的形式进入流通领域,与作为一般等价物的货币相交换。交换双方分别作为劳动力商品的占有者和货币占有者存在。交换双方作为交换价值形式上不同财富的占有者这种关系,不是自发的自然现象,而是人类社会历史上多次经济变革的产物,只存在于发达的商品经济这一特定的历史发展阶段上。劳动力成为商品必须具备两个基本条件:其一,劳动者与生产条件相分离,劳动者从封建社会的自然和社会关系中脱离出来成为自由人,以独立个人的身份自由地进入流通领域;这是劳动力成为商品的可能性前提。其二,劳动者与劳动条件相分离,一无所有,既失去了实现他自己劳动力的劳动条件,也没有任何其他所有物可以出卖;这是劳动力成为商品的必要性。劳动者成为自由人,是人类古代社会共同体解体的产物。"人最初表现为类存在物,部落体,群居动物"[2],存在于基于一定自然关系形成的社会共同体中。在分工和交换[3]的推动下,单个的、独立个人逐渐古代社会共同体的"人对人的依赖关系"中解脱出来,成为孤立的自由个体。与这一过程同时进行的,是劳动者和劳动条件的分离,劳动者丧失了对劳动条件的所有权,成为"一无所有"的自由人。这一过程也是前资本主义社会劳动者和劳动条件"天然

---

[1] "货币是这一过程的最后产物。商品流通的这个最后产物是资本的最初的表现形式。"见[德]卡·马克思.资本论(第1卷)[M].中共中央马克思恩格斯列宁斯大林著作编译局编译.北京:人民出版社,2004:171.——笔者注

[2] [德]卡·马克思.1857—1858年经济学手稿[M]//中共中央马克思恩格斯列宁斯大林著作编译局编译.马克思恩格斯全集(第30卷).北京:人民出版社,1995:489.

[3] "人只是在历史过程中才孤立化的。……交换本身就是造成这种孤立化的一种主要手段。它使群的存在成为不必要,并使之解体。"见[德]卡·马克思.1857—1858年经济学手稿[M]//中共中央马克思恩格斯列宁斯大林著作编译局编译.马克思恩格斯全集(第30卷).北京:人民出版社,1995:489.——笔者注

统一"关系的解体。自此，劳动者失去了劳动的现实条件，劳动成为一种非对象化的抽象可能性和"绝对贫穷性"的存在——劳动力。这是资本主义生产的历史前提和现实起点。

劳动力成为商品，劳动力商品的价值大小如何体现？在商品市场上，劳动力商品与一定量货币相交换，二者的价值关系通过下面的价值表现具体体现出来。从劳动力商品所有者的角度看，在"劳动力商品=一定量货币"这一价值表现中，劳动力商品的相对价值通过一定量货币的使用价值表现出来，即劳动力商品的所有者通过出让劳动力商品的使用价值获得了一定量货币，一定量货币即为劳动力商品的货币表现，即价格，也即工资。从一定量货币的所有者的角度看，在"一定量货币=劳动力商品"这一价值表现中，一定量货币的相对价值通过劳动力商品的使用价值表现出来，即一定量货币的所有者通过出让一定量货币，获得劳动力商品的使用价值。交换双方以自身所有物的交换价值形式换取了对方所有物的使用价值。工资的高低取决于维持、延续劳动力商品所需要的基本生活资料的市场价格，而生活资料的市场价格又取决于一定社会的生产力发展水平和劳动生产率的高低。因此，劳动力商品的价值大小随社会生产发展而变化，但维持劳动力商品的所有者、劳动力的承担者——雇佣工人每日延续、更新劳动力不可缺少的生活资料的价值，应该是劳动力价值的最低限度。否则，劳动力的承担者或劳动力商品的所有者——雇佣工人只能在萎缩的状态下维持和发挥其劳动力。久而久之，劳动者的生命将终止，劳动力资源枯竭，资本主义社会生产无法持续。

劳动力成为商品，劳动表现为资本消费其所购买的劳动力商品使用价值的过程，劳动成为资本的附属物，成为被资本支配的雇佣劳动。商品生产普遍化，社会生产步入发达的商品生产即资本生产时代。"商品生产按自己本身内在的规律越是发展成为资本主义生产，商品生产的所有权规律也就越是转变为资本主义的占有规律。"[1]作为商品的劳动力，以交换价值的形式

---

[1] [德]卡·马克思.资本论（第1卷）[M].中共中央马克思恩格斯列宁斯大林著作编译局编译.北京：人民出版社，2004：677–678.

进入流通领域，与货币相交换。交换双方一方出让价值——货币，一方让渡使用价值——劳动力商品的使用价值。劳动力商品的买卖是在流通领域进行的，而劳动力商品的使用即劳动本身则需要在生产领域中进行。而一旦进入生产场所，货币就不再是作为交换手段或交换（价值）尺度的货币，即作为货币的货币，而成为作为资本的货币。换言之，当货币占有者把购买的劳动力商品和他已有的生产资料相结合，用于生产过程，此时，处于过程中的货币就不再是货币，而是变成了资本。[1]也就是说，一旦我们跟随着货币占有者进入生产场所，资本赚钱的秘密很快就会暴露出来。

这样，在与货币交换中失去劳动支配权的劳动力商品的占有者，变成了被资本所雇佣的劳动者，即雇佣工人，劳动过程变成了资本消费它所购买的劳动力商品使用价值的过程，劳动具有了雇佣的性质，成为雇佣劳动。资本和雇佣劳动的关系成为资本生产方式下的基本关系，人类社会生产开启了资本生产的新时代。

2. 资本主义生产的实质

当与劳动力商品交换的货币在进入生产领域后转化为资本的时候，劳动成为雇佣劳动。资本剥削雇佣劳动，无偿占有雇佣劳动的剩余价值生产，是资本主义生产的实质。

从生产的目的和动机上看，追求剩余价值是资本主义生产的直接目的和决定性动机。[2]随着货币转化为资本，社会生产便由商品生产转变为资产生产。这一点从作为货币的货币和作为资本的货币的流通公式的区别可以清

---

[1] "价值成了处于过程中的价值，成了处于过程中的货币，从而也就成了资本。"见［德］卡·马克思. 资本论（第1卷）[M]. 中共中央马克思恩格斯列宁斯大林著作编译局编译. 北京：人民出版社，2004：181. —— 笔者注

[2] "资本主义生产方式的第二个特征是，剩余价值的生产是生产的直接目的和决定动机。"［德］卡·马克思. 资本论（第1卷）[M]. 中共中央马克思恩格斯列宁斯大林著作编译局编译. 北京：人民出版社，2004：997. —— 笔者注

晰地看出。从形式上看，作为货币的货币的流通的直接形式是 W—G—W：商品转化为货币，货币再转化为商品。在 W—G—W 的循环中，始端和终端是不同使用价值的商品。始端的商品进入流通领域，终端的商品退出流通领域，进入消费领域。为买而卖即消费是这一循环的最终目的。作为资本的货币的流通的直接形式是：G—W—G。在这一循环中，流通的最终目的是获取交换价值，即为卖而买。从内容上看，在 W—G—W 这一循环中，两极都内在包含着相等价值量的不同质的使用价值。这种简单商品流通在内容表现为抽象的、一般的社会劳动的交换。而在 G—W—G 这一流通中，两极都是货币，商品的一切特殊使用价值都已消失。如果说有不同，也只能是两端货币额在数量上的不同，即流通终端的货币额多于始端的货币额。这个多出来的货币额就是剩余价值。可以看出，原有的预付价值在流通中不仅保值，而且实现了增殖，即在流通中增加了剩余价值。这种处于运动中或过程中的价值，就是资本。以追求剩余价值为目的的生产就是资本生产。价值增殖表现为这种流通的客观内容。

从生产的过程上看，资本无偿占有雇佣工人剩余劳动的剩余价值生产过程是资本主义生产过程的实质。与商品生产具有二重性一样，资本主义商品生产过程，是生产使用价值的劳动过程和生产剩余价值的增殖过程的统一，具有二重性。"作为劳动过程和价值形成过程的统一，生产过程是商品生产过程；作为劳动过程和价值增殖过程的统一……生产过程就是资本主义生产过程，是商品生产的资本主义形式。"[1]生产使用价值的劳动过程也就是社会物质生活资料的生产过程。这一过程是人和自然之间进行物质变换的一般条件，即人类为了满足自身的需要而对自然物的占有。这一过程为人类社会生活提供物质生活资料，为一切社会形式所共有。"劳动过程……它为人类

---

[1] ［德］卡·马克思. 资本论（第1卷）[M]. 中共中央马克思恩格斯列宁斯大林著作编译局编译. 北京：人民出版社，2004：229–230.

生活的一切社会形式所共有。"[1]由于生产要素归资本家所有，使资本生产方式下的劳动过程呈现出与其他社会形式不同的特点：其一，生产过程由资本家决定，并全程监控；其二，劳动所得全部归资本家所有。增殖价值过程就是超过劳动力商品价值补偿这一定点而延长了的价值形成过程。超出的部分就是增殖部分，是由雇佣工人生产的、被资本家无偿占有的增殖价值，即剩余价值。这样，雇佣工人的每一个工作日必然被分割为两部分：必要劳动时间和剩余劳动时间。前者补偿劳动力商品自身的价值，这部分劳动即为必要劳动；后者生产剩余价值，被资本家无偿占有，这部分劳动即为剩余劳动。雇佣工人的劳动中为什么会包括剩余劳动部分？原因在于："劳动力的价值和劳动力在劳动过程中的价值增殖，是两个不同的量。资本家购买劳动力时，正是看中了这个价值差额。"[2]这个差额就是剩余价值，体现出资本对雇佣工人的剥削关系和剥削程度。无偿或无酬的增殖价值，即剩余价值的存在，足以说明不劳而获的资本家何以致富，劳而不获的雇佣工人何以贫困！同样也可以说明资本的积累和雇佣工人贫困的积累何以同步！

从生产的要素上看，劳动力——人的要素和生产资料——物的要素均成为资本，这是人类社会生产在资本主义社会所特有的现象。对劳动力而言，只有成为资本的要素，并参与剩余价值生产，才会成为现实的生产要素。在具有资本性质的商品生产中，劳动力和生产资料等生产要素全部归资本所有。资本通过与劳动力商品相交换，占有了劳动力商品的使用价值，即占有了劳动。与资本交换的劳动力商品只能存在于雇佣工人的身体中，故而属于资本要素的劳动也被称作"活劳动"。"活劳动"发生作用的对象，主要是指原料、劳动工具等生产资料，都是过去的对象化劳动的体现，即"死的对象性"。与"活劳动"相对应，对象化劳动也被称为"死劳动"。在活劳动

---

[1] ［德］卡·马克思.资本论（第1卷）[M].中共中央马克思恩格斯列宁斯大林著作编译局编译.北京：人民出版社，2004：215.

[2] ［德］卡·马克思.资本论（第1卷）[M].中共中央马克思恩格斯列宁斯大林著作编译局编译.北京：人民出版社，2004：225.

和对象化劳动的关系中，活劳动是主动的、能动的方面，运用劳动工具对原料进行加工改造。"劳动是酵母，它被投入资本，使资本发酵"[1]，使价值由静止形式转变为运动形式，实现价值增殖，获得剩余价值。在资本生产过程中，按照劳动力和生产资料在剩余价值生产过程中所起的不同作用，区分为可变资本和不变资本。以劳动力形态存在的资本，在剩余价值生产过程中价值大小会发生变化，是为可变资本；以生产资料形态存在的资本，在剩余价值生产过程中只发生转移，价值大小不发生变化，是为不变资本。可见，资本雇佣劳动，劳动成为从属于资本的生产要素；反之，没有被资本所雇佣的劳动，没有成为资本生产要素的劳动力就只能以抽象劳动力的形式存在，只能是一种抽象的、非现实性的劳动，即非生产性的劳动。这样，不仅劳动的生产力成为资本的生产力，而且资本通过交换消除了以分散形式存在的工人的独立性，把他们的劳动联合为一种社会性的整体力量。在这个意义上，"资本不是以个人的身份进行交换，……而是在交换中代表社会"[2]。工人不是和许多个资本家相交换，而是和一个资本家相交换。这一个资本家就是资本家阶级，许多个工人也具有了一个总体身份，雇佣工人阶级。资产阶级和雇佣工人阶级是资本主义商品经济形态下"现实的个人"的现实存在状态。在阶级社会中，"现实的个人"都是隶属于某一阶级的个人。

从占有方式上看，资本无偿占有雇佣工人剩余价值的规律是资本主义社会的财产占有规律。商品生产发展到资本主义商品生产阶段，社会财富的占有方式由个人劳动占有（等价交换）转变为资本对雇佣工人剩余劳动的无偿占有。价值规律是商品经济的基本规律，既支配着商品生产过程，也支配着商品交换过程。从占有方式或所有权归属的角度看，价值规律内在包含着劳动占有或以自己的劳动为基础的所有权的基本占有方式。在劳动占有的第

---

[1] ［德］卡·马克思. 1857—1858年经济学手稿[M]//中共中央马克思恩格斯列宁斯大林著作编译局编译. 马克思恩格斯全集（第30卷）. 北京：人民出版社，1995：256.

[2] ［德］卡·马克思. 1857—1858年经济学手稿[M]//中共中央马克思恩格斯列宁斯大林著作编译局编译. 马克思恩格斯全集（第30卷）. 北京：人民出版社，1995：589.

一原则下，价值规律还包含着公平占有（等价交换）的占有方式。资本主义商品生产的基本规律则是剩余价值规律。从占有方式或所有权归属的角度看，在资本主义商品生产和交换过程中，剩余价值规律内在包含着不付等价物而占有雇佣工人劳动产品的一部分，即无偿占有的占有方式。在无偿占有的第一原则下，剩余价值规律还内含中不公平占有的占有方式。在商品流通领域，在货币与劳动力商品的交换过程中，似乎遵循着等价交换的原则，一旦进入生产领域，资本家在消费劳动力商品的过程即劳动过程中，却获得了一部分超出自己购买劳动力商品所预付的价值，使平等的交换流于表面，实质上却是不公平、不等价的交换。资本家和工人之间不等价的交换关系随着资本主义商品生产过程周而复始，资本家便不断用无偿占有的物质财富去奴役、支配、剥削一无所有的雇佣工人。无偿占有实质上也就是资本占有。

总之，从生产目的和动机、生产过程、生产要素乃至占有方式等各方面均可以看出，在资本主义生产方式下，资本统治、支配、剥削雇佣劳动，无偿占有雇佣工人剩余劳动的剩余价值生产是资本主义社会生产的本质。

3. 资本拜物教批判

资本的概念中内在地包含着资本和雇佣劳动的关系，资本对雇佣工人剩余劳动的无偿占有是资本能够自行保值、增殖的根源。货币形式上的资本，作为一般社会财富的代表——过去的对象化劳动的产物和表现，通过与劳动力商品的交换，资本获得了对劳动的支配权和使用权，从而获得了一种自我保存和倍增的能力。"死劳动"占有、支配"活劳动"。劳动力成为商品，人物化；资本占有、支配劳动者，物人化。人成为物人格化的经济职能执行者，资本的人格化即资本家，雇佣劳动的人格化即雇佣工人。于是，资本主义的商品生产使不具有生产能力的资本获得了生产力和再生产力，即一种属于资本本身的神秘能力。这一点在生息资本上表现尤为明显。

"在生息资本上，资本关系取得了它的最表面和最富有拜物教性质的形式。"[1]资本拜物教处于完成形态。在生息资本的形式上，资本运动的公式G—W—G'被直接简化为G—G'（G'=G+ΔG（货币增加额），中介过程被省略。在这里，我们没有看到在两极之间起中介作用的过程，我们只是看到了自行增殖的价值，即货币自行生产更多的货币。而在G—W—G'（G'=G+ΔG）这个资本运动的一般公式中，资本运动表现为两个相反阶段的统一过程，即商品的买和卖的运动。虽然这种运动只存在于商品交换的流通领域内，利润也只表现为商品流通中低价买进、高价卖出的差额；即使如此，利润还是表现为一种社会关系的产物。在生息资本G—G'这个形式上，这种运动过程不见了，中介消失了。资本变成了"一个简单的量"，资本和劳动的关系变成一种没有了内容的单纯"数量关系"，即"作为一定价值的本金同作为自行增殖的价值的自身，即作为已经生产剩余价值的本金自身的关系"[2]，即"社会关系最终成为一种物即货币同它自身的关系"[3]。货币本身具有了独立于社会生产和再生产之外创造价值的增殖能力。货币封神！资本的物神形态在生息资本的形式上得到了充分的表现。资本拜物教在生息资本的形式上获得了完成形态。

因此，在本质上，与商品拜物教、货币拜物教一样，资本拜物教也是人们在商品生产和货币流通中形成的一种社会关系物化的假象，即社会关系的物质承担者披上了社会关系的外衣，甚至直接把这种社会生产关系变成物的自然属性，以至于自然物拥有了支配和统治社会关系主体的神秘能力。物人

---

[1] [德]卡·马克思.资本论(第1卷)[M].中共中央马克思恩格斯列宁斯大林著作编译局编译.北京：人民出版社，2004：440.

[2] [德]卡·马克思.资本论(第1卷)[M].中共中央马克思恩格斯列宁斯大林著作编译局编译.北京：人民出版社，2004：440.

[3] [德]卡·马克思.资本论(第1卷)[M].中共中央马克思恩格斯列宁斯大林著作编译局编译.北京：人民出版社，2004：441.

化，人物化；人异化，物主体化。物我关系、主客关系颠倒！[1]可见，社会生产从商品生产到资本主义商品生产的发展，劳动产品的价值形式从商品、货币到资本的发展，劳动者作为价值创造的劳动主体地位被商品、货币、资本等物化劳动重重遮蔽，资本自我运动、自行增殖的假象掩盖了资本家阶级剥削雇佣劳动者阶级获取剩余价值的资本主义生产本质，掩盖了剩余价值的真正来源。

资本雇佣劳动的关系以平等的表象掩盖了资产阶级对雇佣工人阶级或无产阶级之间统治、支配和剥削的不平等关系。只要资本主义的雇佣劳动制度存在，作为资本增殖源泉的雇佣工人阶级将永远无法摆脱资产阶级的统治和剥削。因此，废除资本雇佣劳动制度，推翻资本统治，实现劳动解放，是实现无产阶级解放的必由之路。随着机器大工业的发展和社会生产力的进步，内在于资本生产方式的矛盾愈益凸显，当资产阶级不能再照旧统治下去，工人阶级不能再照旧生活下去的时候，无产阶级反对资产阶级的社会革命来临！

（四）雇佣劳动与剩余价值理论新发现

雇佣劳动是物质生产劳动在具有资本性质的商品生产方式下的具体表现形式。或者说雇佣劳动是以交换价值形式存在的物质生产劳动，本质上是一种抽象劳动。以劳动二重性理论为主要内容的科学的劳动价值理论是剩余价值理论的理论基础。如果没有科学的劳动价值理论，就没有剩余价值理论，

---

[1] "在论述资本主义生产方式甚至商品生产的最简单的范畴时，在论述商品和货币时，我们已经指出了一种神秘性质，它把在生产中由财富的各种物质要素充当承担者的社会关系，变成这些物本身的属性（商品），并且更直截了当地把生产关系本身变成物（货币）。一切已经有商品生产和货币流通的社会形式，都有这种颠倒。"见［德］卡·马克思.资本论（第1卷）[M].中共中央马克思恩格斯列宁斯大林著作编译局编译.北京：人民出版社，2004：936.—— 笔者注

马克思主义政治经济学也就不可能建立起来。

1. 剩余价值理论的理论前提

在《资本论》及其手稿中,马克思运用唯物史观分析资本主义生产方式下的物质生产劳动,创造性地提出"劳动二重性"理论,发展了英国古典政治经济学的劳动价值论,形成了科学的劳动价值理论,为剩余价值理论的形成奠定了理论基础。

英国古典政治经济学的劳动价值理论是马克思主义科学的劳动价值理论的直接理论来源。19世纪初,李嘉图学派为历经一个半世纪之久的英国古典政治经济学作了最后的总结,"劳动决定价值"成为古典政治经济学的一个基本命题。"可是只要经济学家将价值由劳动来决定这个观点应用到'劳动'这个商品上去的时候,他们马上就陷进一连串的矛盾之中"[1],最终走入绝境。李嘉图等经济学家们认为,商品的价值是由商品所包含的、生产该商品所必需的劳动决定的,那"劳动"这一商品的价值也必然由它所包含的必要劳动来决定,但劳动自身如何成为衡量"劳动"的价值尺度?这一困境最终导致李嘉图学派的解体。

劳动二重性理论第一次明确提出价值的实质是抽象的、无差别的一般人类劳动。"抽象劳动"概念的提出,在政治经济学说史上"第一次确定了什么样的劳动形成价值,为什么形成价值以及怎样形成价值,并确定了价值不外就是这种劳动的凝固"[2]。至此,"劳动创造价值"这一命题被精确地发展为"抽象劳动创造价值"。"抽象劳动"概念的提出,成为古典政治经济学劳动价值理论走出理论困境的关键。劳动二重性理论也成为马克思剖析资

---

[1] [德]弗·恩格斯.《雇佣劳动和资本》1891年单行本序言[M]//中共中央马克思恩格斯列宁斯大林著作编译局编译.马克思恩格斯选集(第1卷).北京:人民出版社,1995:324.

[2] [德]弗·恩格斯.《资本论》第二卷1885年版序言[M]//中共中央马克思恩格斯列宁斯大林著作编译局编译.马克思恩格斯选集(第2卷).北京:人民出版社,1995:273.

四、基于雇佣劳动的资本形式历史总批判

本主义经济关系最重要的理论武器。

在劳动二重性理论的基础上，马克思提出了"劳动力商品"的概念，把劳动和劳动力区别开来，为根据价值规律说明资本主义剥削关系打下了牢固的基础，使政治经济学劳动价值理论彻底走出了理论困境。雇佣工人与资本家相交换的是劳动力，而不是劳动本身。劳动是劳动力商品的使用价值，是价值创造的源泉。马克思通过提出"劳动力商品"概念，不仅破解了李嘉图体系解体的秘密，而且找到了剩余价值的真正来源[1]。

劳动二重性理论的确立以及"劳动力商品"概念的提出使处于绝境中的劳动价值理论绝处逢生，使劳动价值理论走向科学，为剩余价值理论的形成提供了理论前提。

2. 剩余价值的真正来源

劳动力成为商品，交换延及一切生产关系，标志着一种新型生产关系——资本生产关系的出现。从此以后，劳动转化为雇佣劳动[2]，劳动的所有权和支配权由劳动力的所有者让渡于资本的所有者。从此以后，"离开资本来谈劳动就是荒谬的。在这种意义上，资本一词包括资本和劳动二

---

[1] 对此，恩格斯曾指出："那些最优秀的经济学家从'劳动'价值出发而无法解决的困难，一到我们用'劳动力'价值来作出发点，就消失不见了。在我们当代的资本主义社会里，劳动力是商品，是跟任何其他的商品一样的商品，但却是一种完全特殊的商品。这就是说，这个商品具有一种独特的特性：它是创造价值的力量，是价值的源泉，并且——在适当使用的时候——是比自己具有的价值更多的价值的源泉。"见[德]弗·恩格斯.《雇佣劳动和资本》1891年单行本序言[M]//中共中央马克思恩格斯列宁斯大林著作编译局编译. 马克思恩格斯选集（第1卷）. 北京：人民出版社，1995：328-329. ——笔者注

[2] "一切关系转化为货币关系所产生的影响：……家长制的、奴隶制的、农奴制的、行会制的劳动转化为纯粹的雇佣劳动。"见[德]卡·马克思. 1857—1858年经济学手稿[M]//中共中央马克思恩格斯列宁斯大林著作编译局编译. 马克思恩格斯全集（第30卷）. 北京：人民出版社，1995：96. ——笔者注

者"[1]。资本雇佣劳动的关系成为资本生产方式下的基本经济关系，资本雇佣劳动成为资本生产的必要前提。

马克思通过对劳动力商品的分析，区分了劳动力商品价值和使用价值，回答了资本同劳动力商品的交换同价值规律之间关系，揭示了资本剥削雇佣劳动内在机制。如果单纯从资本和劳动力商品在流通领域的交换行为看，两者的交换是"按照商品交换的各个永恒规律行事的"[2]，遵循着商品经济的一般规律——价值规律。但这只是起点，只是资本增殖的起始条件。因为如果从资本主义生产和交换过程的整体来看，资本和劳动力商品的交换遵循的只能是不公不等价的价值增殖规律——剩余价值规律，而不是公平、等价的价值形成规律——价值规律。因为资本在流通领域中购买的劳动力商品，消费则发生在生产领域。而且资本在流通领域中以购得是是劳动力商品的交换价值，在生产领域中消费的却是劳动力商品是使用价值。劳动力商品的使用价值即劳动，是价值创造的真正源泉，也是资本增殖的真正源泉。为此，马克思说："资本不能从流通中产生，又不能不从流通中产生。它必须既在流通中又不在流通中产生。"[3]自此，马克思回答了大卫·李嘉图不能回答的资本和雇佣劳动的交换同价值规律之间存在的矛盾问题，破解了导致李嘉图体系解体的秘密之一。

马克思通过对资本生产方式下劳动过程的分析，揭示了资本无偿占有雇佣工人剩余劳动的本质，找到了资本家赚钱的秘密。在资本生产方式下，如同商品和生产商品的劳动具有二重性一样，生产商品的劳动过程也具有二重性，即以物质形态存在的物资资料生产的劳动过程和以价值形态存在的价值增殖过程的统一。一方面，资本生产方式下的商品生产过程是物质资料生

---

[1] ［德］卡·马克思. 资本论（第1卷）[M]. 中共中央马克思恩格斯列宁斯大林著作编译局编译. 北京：人民出版社，2004：217.

[2] ［德］卡·马克思. 资本论（第1卷）[M]. 中共中央马克思恩格斯列宁斯大林著作编译局编译. 北京：人民出版社，2004：226.

[3] ［德］卡·马克思. 资本论（第1卷）[M]. 中共中央马克思恩格斯列宁斯大林著作编译局编译. 北京：人民出版社，2004：193.

产的劳动过程。这个过程是资本家消费他从商品市场上购买来的一切生产因素——物的因素和人的因素即生产资料和劳动力商品的过程,即"把劳动本身当作活的酵母,并入同样属于他的各种形成产品的死的要素"[1]——生产资料生产商品的过程。另一方面,资本生产方式下的商品生产过程表现为价值增殖过程,揭示了资本主义剩余价值生产的实质。即抛开劳动的质,抛开具体劳动的性质和内容,各种具体劳动都单纯表现为劳动的量。各种具体劳动在一小时终了时都表现为一定量的劳动,即对象化在劳动产品中"一个劳动小时",亦即"工人的生命力在一小时内的耗费"[2]。在这里,各种具体劳动只是作为劳动力的耗费,而不是作为特殊劳动具有意义。"工人不过是人格化的劳动时间。"[3]同时,在各种不同的具体劳动中,原料表现为一定量劳动的吸收器,通过这种吸收,原料转化为产品,产品则成为原料所吸收的劳动的测量器,成为一小时、两小时或一天等等抽象的社会劳动的化身。这种被原料所吸收并内含在产品中的社会劳动即为价值的实体——抽象劳动的质,以社会劳动为内容的"劳动小时"即为价值的量——抽象劳动的量。在劳动力商品市场上,资本家一般按照劳动力的"日价值"购买劳动力。劳动力在一个工作日内的使用价值归资本家所有。但是,"劳动力一天的维持费和劳动力一天的耗费,是两个完全不同的量。前者决定它的交换价值,后者构成它的使用价值。剩余价值就是在一个工作日内劳动力商品的使用价值

---

[1] [德]卡·马克思.资本论(第1卷)[M].中共中央马克思恩格斯列宁斯大林著作编译局编译.北京:人民出版社,2004:216.
[2] [德]卡·马克思.资本论(第1卷)[M].中共中央马克思恩格斯列宁斯大林著作编译局编译.北京:人民出版社,2004:221.
[3] [德]卡·马克思.资本论(第1卷)[M].中共中央马克思恩格斯列宁斯大林著作编译局编译.北京:人民出版社,2004:281.

创造的价值和维持自身存在的交换价值之间的差额。[1]这样，马克思通过对"劳动力商品"在资本主义生产过程中作用的分析，从根本上揭示了资本对雇佣劳动的剥削关系的本质，阐明了剩余价值的真正来源。

剩余价值生产的来源和本质是剩余价值理论的核心，决定着资本主义社会生产过程的各个具体环节。具体地说，资本主义社会的生产过程就是剩余价值是生产过程。资本主义社会的分配关系就是剩余价值的分配，即资本主义社会的统治阶级或剥削阶级——资产阶级共同分割剩余价值，等量资本获得等量利润。工资是劳动力商品价值的价格表现，是资本主义雇佣劳动制度在分配上具体体现。资本主义社会的交换关系就资本和雇佣劳动之间的交换，是剩余价值生产的准备阶段；就资本运动的总过程而言，则是剩余价值的流通过程。

正是在揭示以劳动的交换价值形式即雇佣劳动为核心的科学的劳动价值理论和剩余价值生产的本质和来源的基础上，马克思主义政治经济学得以确立。

---

[1] 正如马克思在《资本论》中所自述的那样："把价值看作只是劳动时间的凝结，只是对象化的劳动，这对于认识价值本身具有决定性的意义，同样，把剩余价值看作只是剩余劳动时间的凝结，只是对象化的剩余劳动，这对于认识剩余价值也具有决定性的意义。使各种经济的社会形态例如奴隶社会和雇佣劳动的社会区别开来的，只是从直接生产者身上，劳动者身上，榨取这种剩余劳动的形式。"见[德]卡·马克思. 资本论（第1卷）[M]. 中共中央马克思恩格斯列宁斯大林著作编译局编译. 北京：人民出版社，2004：251. ——笔者注

五、基于自由劳动的无产阶级解放总前景

资本雇佣劳动是社会物质生产劳动在资本主义生产方式下的具体表现形式,雇佣劳动是建立在交换价值基础上的抽象劳动或非现实的劳动,本质上是一种异化劳动。废除资本雇佣劳动制度,实现劳动解放,消除劳动者和劳动条件之间的分离状态,使劳动重新回归人之为人的生命本质——自由劳动,是人类劳动的必然走向;推翻资产阶级统治,实现无产阶级解放,使无产阶级脱离物化的、异化的生存状态,建立自由人的联合体,是劳动主体——无产阶级的历史总归宿;无产阶级政党——共产党领导下的无产阶级政治革命,则是完成这一历史性转变的必由之路。

(一)劳动解放的本质

"资本"概念内在地包含着雇佣劳动,资本和雇佣劳动的关系是资本生产方式的本质性关系。劳动解放,即废除资本雇佣劳动制度,推翻资产阶级的统治,解放无产阶级,建立无产阶级占统治地位的新社会。

1. 劳动解放的理论依据

唯物史观[1]和剩余价值理论是劳动解放的理论依据。恩格斯在《反杜林论》《社会主义从空想到科学》等著作、1890年《致约·布洛赫》的信件以及在各种公开场合对马克思思想的介绍和评述中，都曾提到过唯物史观和剩余价值理论是社会主义由空想到科学的理论依据。

唯物史观为从历史一般性或从理论上定位资本和雇佣劳动之间的矛盾奠定了理论基础，同时也为废除资本主义雇佣劳动制度，实现劳动解放——雇佣劳动者阶级——无产阶级解放指明了方向。唯物史观从人类社会历史发展过程的决定性因素社会生产和再生产出发，证明了自原始社会解体以来，人类社会的全部历史都是统治阶级和被统治阶级对立和斗争的历史。在资本主义大机器生产条件下，随着科学技术的日益进步，生产社会化的程度日益提高，社会化的生产力与日益集中的生产资料资本主义私人占有制之间的矛盾也愈益尖锐，资本主义生产关系已经成为社会化生产力发展的障碍。适应社会化生产力的发展要求，无产阶级将解放自己乃至解放全人类的革命时代已经来临。

剩余价值理论科学地揭示了资本和雇佣劳动的真实关系，为无产阶级废除资本主义雇佣劳动制度，推翻资产阶级的统治提供了科学依据。恩格斯曾在《卡尔·马克思》一文中特别介绍了马克思一生中的第二个重大发现的

---

[1] 唯物史观的基本思想："每一时代主要的经济生产方式和交换方式以及必然由此产生的社会结构，是该时代政治的和精神的历史所赖以确立的基础，并且只有从这一基础出发，这一历史才能得到说明；因此人类的全部历史（从土地公有的原始氏族社会解体以来）都是阶级斗争的历史……这个阶级斗争的历史包括一系列发展阶段，现在已经达到这样一个阶段，即被剥削被压迫的阶级（无产阶级），如果不同时使整个社会一劳永逸地摆脱一切剥削、压迫以及阶级差别和阶级斗争，就不能使自己从进行剥削和统治的那个阶级（资产阶级）的奴役下解放出来。"见[德]恩格斯.《共产党宣言》1888年英文版序言[M]//中共中央马克思恩格斯列宁斯大林著作编译局编译.马克思恩格斯全集（第9卷）.北京：人民出版社，1995：257.——笔者注

理论贡献：以资本和劳动关系为核心，展示了资本生产方式下资本家剥削工人的具体过程，证明了资本家依靠占有他人的无酬劳动发财致富，找到了资本家发财致富秘密，解释了雇佣劳动作为资本的生产要素为资本创造了大量的财富却也只是再生产了自己的"一无所有"。如此一来，资产阶级所宣扬的关于现代社会制度的平等、正义和利益普遍和谐等"美好宣言"都流于虚伪；而且让世人明白：像以前的各种社会一样，现代资产阶级社会也是少数人统治多数人的阶级统治的庞大机构。

唯物史观和剩余价值理论这两个重要的事实，为从理论上定位资本和雇佣劳动的关系提供了哲学和科学依据，为"劳动解放"的实现指明了方向。

2. 劳动解放的经济基础

劳动解放的经济基础就是消灭生产资料资本主义私人占有制，废除资本主义雇佣劳动制度。这是由资本本身的内在矛盾决定的。"资本本身就是矛盾，因为它总是力图取消必要劳动时间（而这同时就是要把工人降到最低限度，也就是说，使工人只是作为活劳动能力而存在），但是，剩余劳动时间只是作为对立物，只是同必要劳动时间对立地存在着，因此，资本把必要劳动时间作为它的再生产和价值增殖的必要条件。物质生产力的发展——同时又是工人阶级力量的发展——到一定时候就会扬弃资本本身。"[1] "扬弃资本本身"，即资本生产方式被与社会化大生产相适应的新的生产方式所否定，以雇佣劳动制度为基础的资本主义私有制被消灭，代之以共产主义公有制，工人阶级获得解放。

"物质生产力的发展"和"资本本身"的关系是资本主义社会中生产力和生产关系的关系，具体表现为无产阶级和资产阶级的对立。从生产力方面看，在资本生产方式下，劳动越来越趋向于专业化、社会化，劳动成为一个

---

[1] ［德］卡·马克思. 1857—1858年经济学手稿[M]//中共中央马克思恩格斯列宁斯大林著作编译局编译. 马克思恩格斯全集（第30卷）. 北京：人民出版社，1995：542-543.

社会的过程。在资本主义条件下，劳动社会化经历了由简单协作、工场手工业到机器大工业的发展阶段。尤其在机器大工业阶段，劳动社会化达到相当高的水平。生产规模空前扩大，劳动资料高度集中，庞大的机器体系形成巨大的生产力。劳动分工越来越细，先前在手工业工场中只是由各个手工工人分头完成的操作，现在形成了一个个独立的生产部门，工艺和产品越来越专业化。此外，由于大工业把强大的自然力和自然科学引入生产过程，劳动生产率空前提高，产品价值构成中物化劳动和活劳动的比值越来越大，同时劳动过程的社会结合也随着科学和技术的发展不断地发生变革。总之，生产资料越来越社会化，劳动过程也不仅仅在一个工厂、一个地区、一个国家的范围内，甚至在全球范围内，变成了社会的过程。从生产资料和劳动产品的占有方式上看，从中世纪开始发展起来的商品生产中，当时的个体生产者通常使用自己所有的、往往也是自己的生产原料，使用自己的生产工具，以及使用自己或家庭成员的手工劳动生产产品。这样生产出来的产品当然属于他自己所有。那时生产资料的占有者占有产品，因为这些产品是他自己生产的产品，产品的所有权以他自己的劳动为基础。现在，生产已经高度社会化，劳动资料的占有者如果继续占有产品，那他占有的就不是他自己劳动的产品，而是占有别人劳动的产品。在资本主义生产方式下，社会化的生产方式下生产的产品没有归生产资料的真正使用者和产品的生产者所有，而是归生产资料的占有者即资本家占有。可以看出，生产资料和生产过程都已经由私人生产转变为社会化生产，但产品的占有方式却没有从私人占有同步地转变为社会占有。资本家对产品所有权的获得不是以他自己的劳动为基础，而是以雇佣劳动者即工人的劳动为基础。所以，在资本生产主义方式下，社会化大生产和资本主义私人占有之间的矛盾实质上是劳而不获的雇佣劳动者阶级——工人阶级和不劳而获的资本家阶级之间的对立。

随着社会化大生产发展，生产资料资本主义私人占有制越来越不适应这种生产力发展，越来越成为生产本身无法忍受的桎梏；资本占有的分配方式使一无所有的雇佣工人处境愈益恶劣，阶级矛盾激化。资本主义生产方式已经不能驾驭它自己创造出来的生产力,转变占有方式的无产阶级革命即将来临。随着以社会占有为基本特征的生产资料所有制关系的建立,劳动者将共同占有生产资料、共同生产,共同占有劳动产品,人与人之间自由、平等关系真正确立起来。雇佣劳动废除之日,就是工人阶级获得解放之时!

3. 劳动解放的历史起点

从社会分工的角度看,资本和雇佣劳动的关系表现为资本家阶级无偿占有雇佣工人阶级剩余劳动的关系,资本和劳动的内在矛盾表现为资产阶级和无产阶级之间的阶级矛盾。这是"劳动解放"的历史起点。

"每一个社会主义的工人,不论是哪一个国家的,都很清楚地知道:暴力仅仅保护剥削,但是并不造成剥削;资本和雇佣劳动的关系才是他受剥削的基础,这种关系是通过纯经济的途径而决不是通过暴力的途径产生的。"[1]这是从资本主义生产和再生产的角度加以考察的结果,即从社会整体上考察资本和劳动的关系,它们之间就不再是商品市场上单个的货币占有者和单个的劳动力商品占有者之间的自由的、平等的交换关系,而是表现为资产阶级和雇佣工人阶级之间统治和被统治、剥削和被剥削的阶级关系。商品生产的所有权规律转换为资本主义的资本占有规律。

一般地说,在社会生产中,"分工的规律就是阶级划分的基础"[2]。分工是劳动本身的存在形式或具体表现形式。劳动分工本身包含着劳动条件和劳动产品在不同所有者之间的分配,而且分工越是发达,分配的差别也越大。"随着分配上的差别的出现,也出现了阶级差别。"[3]在分工和分配的

---

[1] [德]弗·恩格斯. 反杜林论[M]//中共中央马克思恩格斯列宁斯大林著作编译局编译. 马克思恩格斯全集(第9卷). 北京: 人民出版社, 2009: 160.

[2] [德]弗·恩格斯. 反杜林论[M]//中共中央马克思恩格斯列宁斯大林著作编译局编译. 马克思恩格斯全集(第9卷). 北京: 人民出版社, 2009: 298.

[3] [德]弗·恩格斯. 反杜林论[M]//中共中央马克思恩格斯列宁斯大林著作编译局编译. 马克思恩格斯全集(第9卷). 北京: 人民出版社, 2009: 155.

影响下，有着同样的劳动条件、同样的生活条件、同样的对立以及同样的利益的社会群体逐渐发展成为阶级集团。

如果没有分工，没有在分工中形成的社会交往和社会联系，组成一个群体的成员之间哪怕具备劳动条件、生活条件、对立以及利益等多种相同性，他们也不能形成阶级。历史上，小农没有发展成为阶级就是极好的例证。马克思以法国的小农为例说明了这一点。在自给自足的自然经济形态下，法国数百万的小农家庭有着相同的经济条件、生活方式、利益以及教育程度。一小块土地、一个农民和一个家庭；旁边是另一小块土地，另一个农民和另一个家庭。一批这样的单位就形成一个村子；一批这样的村子就形成一个省。数百万的法国民众简直就像是一袋马铃薯是由袋子中一个个的马铃薯所集成的那样，但他们却没有形成阶级，因为封建的生产方式没有使他们互相交往，而是使他们彼此隔离。他们之间既没有分工，也没有社会交往，仅有的地域联系不能使他们彼此间形成共同的利益关系和政治诉求，所以他们就没有发展成为一个阶级。

在资本主义生产方式下，一方面，资产阶级只是随着自己的劳动条件、生活条件等生存条件逐渐地发展起来，后来由于分工，它又重新分化为工业资本或商业资本等不同的集团。资产阶段吞并了在它之前存在过的一切有产阶级，同时还把前资本主义社会中那些没有财产的阶级中的大部分以及原先有产阶级中的一部分变为新的阶级——无产阶级。另一方面，机器大工业的分工体系使不同种类劳动之间的差别越来越小，资本追求剩余价值的本性则使所有雇佣工人的工资降到几乎同样低的水平。资产者在追求剩余价值的内在动力以及在竞争中获胜的外在压力的双重推动下，资本有机构成不断提高，工人下岗失业，工资水平和有支付能力的需求不断下降，引发以生产相对过剩为特点的经济危机，工人阶级内部的利益、生活状况也越来越趋于一致。[1]"单个工人和单个资产者之间的冲突越来越具有两个阶级的冲突的性质。"[2]于是，工人开始联合起来，成立反对资产者的同盟，保卫自己的工资。随着工人阶级的代表无产阶级政党组织的建立，领导工人阶级同资产阶级展开有组织、有计划、有目标的斗争，斗争形式从经济斗争发展到思想斗争和政治斗争。作为一个整体，工人阶级不仅为争取他们的经济利益而战斗，而且更为争取自己的政治权力和未来理想而斗争。工人阶级真正成为一个阶级。

工人阶级成为阶级后，推翻资产阶级的统治，解放自己乃至全人类就成为时代赋予它的历史使命。

（二）劳动解放的基本形式

社会革命是社会发展过程中的质变，是社会发展的表现形式之一。"革命是历史的火车头"[3]，是推动社会历史发展的动力。无产阶级革命是资本主义社会发展为共产主义社会的催生婆。在资本生产方式下，当为数很少却占有全部社会生产资料的资产阶级和人数众多却一无所有的无产阶级之间的阶级矛盾和斗争发展到一定程度，必然导致无产阶级反对资产阶级的无产阶级革命。无产阶级联合起来作为一个阶级反对资产阶级，必须使自身组成成为一个政党，自觉地领导革命走向胜利。无产阶级和资产阶级的矛盾属于对

---

[1] "单个人所以组成阶级只是因为他们必须为反对另一个阶级进行共同的斗争。"见［德］卡·马克思，弗·恩格斯. 德意志意识形态［M］//中共中央马克思恩格斯列宁斯大林著作编译局编译. 马克思恩格斯文集（第1卷）. 北京：人民出版社，2009：570. ——笔者注

[2] ［德］卡·马克思，弗·恩格斯. 共产党宣言［M］//中共中央马克思恩格斯列宁斯大林著作编译局编译. 马克思恩格斯文集（第2卷）. 北京：人民出版社，2009：40.

[3] ［德］卡·马克思. 1848年至1850年的法兰西阶级斗争［M］//中共中央马克思恩格斯列宁斯大林著作编译局编译. 马克思恩格斯文集（第2卷）. 北京：人民出版社，2009：161.

抗性矛盾，无产阶级革命一般采取暴力革命的形式。

1. 无产阶级革命的领导者

共产党是无产阶级革命的领导者。无产阶级要实现消灭资产阶级的政治目标，就必须首先把自己组织成为一个独立的政党——无产阶级政党——共产党。这既是基于人类社会发展的基本动力——人类社会两对基本矛盾之间的辩证关系得出的必然结论，也是由共产党自身的特点的决定的。

生产力和生产关系、经济基础和上层建筑，是人类社会的基本矛盾，也是推动人类社会发展的基本动力。就两对基本矛盾之间的关系而言，二者相互依存、相互影响、彼此制约。从矛盾产生的角度看，前一对决定后一对。生产力因其日新月异的变动性成为引发诸多社会矛盾的最终根源，生产力也因此成为推动社会发展的最终动力。从矛盾解决的角度看，则是必须首先通过社会革命的方式，推翻旧的统治阶级在国家中的统治地位，确立革命阶级的政治统治，经济基础和上层建筑之间的矛盾得以解决；在此基础上，革命阶级利用或借助国家政权的强制性力量，改变旧的生产资料所有制关系，确立新的生产资料所有制关系，不适合生产力发展状况的生产关系被适合生产力发展状况的新的生产关系所取代，生产力和生产关系之间的矛盾最终得以解决。因此，就两对矛盾对人类社会发展影响的根本性而言，生产力和生产关系这一对矛盾更为根本，但就矛盾解决的先后顺序而言，则是经济基础和上层建筑这一对矛盾更为直接。因此，在被统治阶级反对统治阶级的阶级斗争中，相对于经济斗争和思想斗争，政治斗争是阶级斗争最高的形式。被统治阶级只有站在政治斗争的高度上，以一种独立的政治力量的身份登上历史的舞台，通过社会革命的方式，推翻统治阶级的统治，确立自己的统治地位，成为新社会的统治阶级，才能从根本上扭转自己在阶级社会中的地位，彻底地解放自己。因此，无产阶级要推翻资产阶级的阶级统治，必须首先把自己组织成为一个独立的政治力量，站在反对资产阶级政治统治的历史舞台上，通过无产阶级革命这一最高的政治行动[1]，才能实现无产阶级自己乃至全人类的解放。而无产阶级把自己组成成为一个独立的政党就是这一政治行动的先决条件。

工人阶级组织成为一个独立的政党是资本主义社会历史发展的必然。现代工人，即无产者，是工业革命的产物。近百年来，工业革命在所有文明国家中实现了生产方式的彻底变革。工业革命同时也带来了社会关系上的新变化，阶级关系简单化。在整个资本主义社会中，参与生产的社会全体成员分属于两个不同的阶级：一个是有产者阶级，拥有全部生产资料和生活资料；另一个是无产阶级，没有任何劳动工具、原料等生产资料和生活资料一无所有的雇佣工人阶级。现代无产者只能同一个在经济上剥削、在政治上统治他的社会阶级——资本家阶级、资产者——直接发生着剥削与被剥削、统治与被统治的关系。随着资产阶级自身力量的日益增长，无产阶级自身的力量、阶级觉悟以及取得胜利的能力也在更大的程度上增长起来。因此，随着资本主义社会内部阶级关系的简单化、明确化，无产阶级自身组成成为独立的政党领导工人运动就成为必然。

无产阶级要摆脱资产阶级剥削和压迫的命运，就必须组成独立的无产阶级政党。因为只有无产阶级政党才能向无产阶级阐明"将由他们完成的那个社会革命的历史意义、性质和条件"，把各地区、各行业的零星的、分散的斗争组织起来，变成整个阶级的独立的统一的行动。[2]

---

[1] "我们要消灭阶级。用什么手段才能达到这个目的呢？这就是无产阶级的政治统治……革命是政治的最高行动；谁要想革命，谁就要有准备革命和教育工人进行革命的手段，即政治行动……应当从事的政治是工人的政治；工人的政党不应当成为某一个资产阶级政党的尾巴，而应当成为一个独立的政党，它有自己的目的和自己的政治。"见[德]弗·恩格斯. 关于工人阶级的政治行动[M]//中共中央马克思恩格斯列宁斯大林著作编译局编译. 马克思恩格斯文集(第3卷). 北京: 人民出版社，2009: 224-225. ——笔者注

[2] "工人阶级在它反对有产阶级联合权力的斗争中，只有组织成为与有产阶级建立的一切旧政党对立的独立政党，才能作为一个阶级来行动。"见[德]卡·马克思，弗·恩格斯. 在伦敦举行的国际工人协会代表会议的决议[M]//中共中央马克思恩格斯列宁斯大林著作编译局编译. 马克思恩格斯文集(第17卷). 北京: 人民出版社，1963: 455. ——笔者注

共产党是以马克思主义科学社会主义为指导思想的一个无产阶级政党。科学社会主义以共产主义为未来指向。无产阶级是科学社会主义的物质武器，科学社会主义是无产阶级及其政党的精神武器。这一点决定了共产党与以往一切有产阶级的旧政党有着原则上的不同，也与其他无产阶级政党有着根本的区别。与一切有产阶级政党不同，在阶级立场上，以马克思主义科学社会主义为精神武器的共产党人从资本主义社会的物质生产劳动——雇佣劳动出发，站在劳动者——雇佣工人的立场上，立足于劳动群众——雇佣工人阶级即无产阶级自身的利益，从社会历史发展的具体条件——资本主义社会的基本矛盾出发，寻求劳动者阶级——无产阶级乃至全人类解放的革命道路。在革命目的上，作为无产阶级政党的共产党人，始终代表整个无产阶级革命运动利益，"使无产阶级形成为阶级，推翻资产阶级的统治，由无产阶级夺取政权"[1]，作为自己的最近目的。马克思、恩格斯在为世界上第一个具有政党性质的无产阶级国际联盟组织——共产主义者同盟起草的党纲《共产党宣言》中明确指出，共产党人可以把自己的理论概括为一句话：消灭私有制，但"并不是要废除一般的所有制，而是要废除资产阶级的所有制"[2]。

当然，无产阶级组织成为政党，不是一蹴而就的。它可能会因为无产阶级内部工人的自相竞争而受到破坏，也会受到其他阶级政党的污蔑、挑战。但是，无产阶级的政党组织总是会利用资产阶级内部的分裂，不断地壮大自己，实现自己的革命目标。

从英国宪章派开始起，每个真正的无产阶级政党，"总是把阶级政治、把无产阶级组织成为独立政党当做首要条件"[3]，也都把无产阶级专政作为斗争的近期目标。

---

[1] [德]卡·马克思, 弗·恩格斯. 共产党宣言[M]//中共中央马克思恩格斯列宁斯大林著作编译局编译. 马克思恩格斯文集(第2卷). 北京: 人民出版社, 2009: 44.

[2] [德]卡·马克思, 弗·恩格斯. 共产党宣言[M]//中共中央马克思恩格斯列宁斯大林著作编译局编译. 马克思恩格斯文集(第2卷). 北京: 人民出版社, 2009: 45.

[3] [德]弗·恩格斯. 再论蒲鲁东和住宅问题[M]//中共中央马克思恩格斯列宁斯大林著作编译局编译. 马克思恩格斯文集(第3卷). 北京: 人民出版社, 2009: 312.

2. 无产阶级革命的最近目的

夺取国家政权是无产阶级革命的最近目的。为了实现"消灭私有制"的无产阶级革命目标，共产党人首先必须夺取资产阶级国家政权。无论是在无产阶级政党（共产党）的纲领性文件《共产党宣言》中，还是在其行动章程《国际工人协会共同章程》中，都把推翻资产阶级的统治，夺取资产阶级国家政权，作无为产阶级的最近的革命目的。国家政权问题是无产阶级革命的根本问题。

夺取国家政权，实行无产阶级专政，是由资产阶级国家政权的性质和无产阶级所处的历史地位决定的。作为上层建筑的核心，建立在生产资料资本主义私有制这个经济基础之上的资产阶级国家政权，实质上就是为保护资产阶级在经济上的根本利益和维护其在政治上的统治地位而建立的，是资产阶级对无产阶级实行阶级统治的暴力机关。在资本主义生产方式下，以大机器生产为标志的现代工业的进步，促使资本家阶级和雇佣劳动者阶级之间的阶级对立和斗争更为发展、扩大和深化。同时，资产阶级"国家政权在性质上也越来越变成了资本借以压迫劳动的全国政权，变成了为进行社会奴役而组织起来的社会力量，变成了阶级专制的机器"[1]。作为统治阶级的资产阶级，因迫于无产阶级造反的威胁，也大肆利用国家政权作为资本对劳动作战的全国性武器。而身处于资本主义社会底层的无产阶级，如果不炸毁构成该社会上层的资产阶级国家机器，就不可能抬起头，挺起胸。[2]因此，工人阶级只能而且必须在无产阶级革命血与火的洗礼中推翻资产阶级的国家政权，确立无产阶级自己的国家政权，进而利用无产阶级国家政权的强制力量彻底

---

[1] ［德］卡·马克思. 法兰西内战[M]//中共中央马克思恩格斯列宁斯大林著作编译局编译. 马克思恩格斯文集（第3卷）. 北京：人民出版社，2009：152.

[2] "无产阶级，现今社会的最下层，如果不炸毁构成官方社会的整个上层，就不能抬起头来，挺起胸来。"见［德］卡·马克思，弗·恩格斯. 共产党宣言[M]//中共中央马克思恩格斯列宁斯大林著作编译局编译. 马克思恩格斯文集（第2卷）. 北京：人民出版社，2009：42. ——笔者注

废除生产资料资本主义私人占有制。

夺取国家政权，确立无产阶级专政的工人政府，也是雇佣劳动者阶级解放自己的政治形式。这一点也是法国工人阶级建立巴黎公社[1]的实践经验总结。

3. 无产阶级革命的普遍形式

暴力革命是无产阶级革命的普遍形式。从理论上讲，无产阶级革命可以采取暴力和和平两种形式，其中，暴力革命是主要的、基本的形式。从实践上讲，暴力革命是共产党领导下的无产阶级革命斗争的一般规律。马克思、恩格斯在《共产党宣言》中曾经直白地指出，共产党人坦坦荡荡，从不隐藏自己的观点和意图。"他们公开宣布：他们的目的只有用暴力推翻全部现存的社会制度才能达到。"[2]他们认为，要想推翻现存的资本主义制度，必须采取暴力革命的形式。无产阶级只有通过暴力才能推翻资产阶级而建立自己的统治。

暴力革命是指某些阶级或集团为了进行社会变革所采取的武装行动。无产阶级暴力革命是无产阶级为了推翻资本主义、打碎资产阶级国家机器和建立无产阶级专政的过程中所采取的武装行动。暴力革命是无产阶级革命的一般规律，为什么？这是由无产阶级革命的发生的前提、目的以及这次革命本身的性质和对象特点决定的。

从革命发生的前提上看，社会危机频发、劳资矛盾极端尖锐化是无产阶级革命发生的历史前提。在资本主义生产方式下，社会化大生产的发展驱

---

[1] "公社的真正秘密就在于：它实质上是工人阶级的政府，是生产者阶级同占有者阶级斗争的产物，是终于发现的可以使劳动在经济上获得解放的政治形式。"见［德］卡·马克思 共产党宣言［M］//中共中央马克思恩格斯列宁斯大林著作编译局编译. 马克思恩格斯文集（第3卷）. 北京：人民出版社，2009: 158. ——笔者注

[2] ［德］卡·马克思，弗·恩格斯. 共产党宣言［M］//中共中央马克思恩格斯列宁斯大林著作编译局编译. 马克思恩格斯文集（第2卷）. 北京：人民出版社，2009: 66.

五、基于自由劳动的无产阶级解放总前景

使追逐剩余价值的资本有机构成不断提高,生产技术不断改进,生产流水线机械化、自动化水平不断提高,劳动逐渐成为机器的附庸,而且单位劳动力所能推动的生产资料不断增加,导致大批工人下岗失业,在岗工人也因劳动简单化工资大大降低。于是,就产生了下列矛盾:即一方面是生产规模的不断扩展;另一方面是无产阶级由于贫困而支付能力日渐缩小。其结果就是生产相对过剩,经济危机在资本主义国家频繁发生。危机期间,中小企业纷纷破产,工人贫困普遍化,食不果腹、生命垂危。现实生活成为工人阶级不能忍受的情况!资本主义社会发展到了资产阶级不能再照旧统治下去,工人也不能再照旧生活下去的时候,历史形势发展的必然结果就是无产阶级革命的爆发。这种现象就是《德意志意识形态》中,马克思恩格斯提出的社会"异化"!要使"异化"成为无产阶级"不堪忍受的"的力量,成为革命反对的力量,实现途径就是:让"异化"将大多数人类成为"无产者"人,同时这些"没有财产的人"又同现存的"有钱有教养的"资产阶级世界相对立。消灭这种"异化"就成为共产主义革命发生的历史前提,把贫病交加的工人阶级从这种危难的深渊中解救出来的唯一方法或途径,也只能是由无产阶级自己组织、自己发动、自己参与、自己解放自己的无产阶级革命。

从革命的目的上看,无产阶级革命是要消灭资本主义私有制,颠覆资产阶级国家政权,推翻资产阶级的统治。因此,资产阶级和无产阶级之间是你死我活式的对抗性矛盾关系。在革命过程中,资产阶级为了维护自己的统治地位,他们会利用手中握有的强大的国家机器镇压无产阶级的反抗和斗争。马克思、恩格斯曾经说过,什么是共产主义革命?"共产主义革命就是同传统的所有制关系实行最彻底的决裂。"[1]无产阶级和资产阶级在根本立场和利益上的这种对抗性矛盾关系,决定了无产阶级革命只能采取暴力革命的方式。

从革命的性质上看,无产阶级革命是要消灭资本生产方式下的雇佣劳

---

[1] [德]卡·马克思,弗·恩格斯. 共产党宣言[M]//中共中央马克思恩格斯列宁斯大林著作编译局编译. 马克思恩格斯文集(第1卷). 北京: 人民出版社, 2009: 52.

动，改变劳动作为人的生存手段的强制性、异化性，还原劳动作为人的生命表现的本质特性——自主性、自为性。马克思指出，到目前为止的一切革命都没有对分配方式进行过实际性的触动，只不过是换汤不换药地在不同的利益集团之间重新分配劳动，而"共产主义革命则针对活动迄今具有的性质，消灭劳动，其目的是要消灭劳动的异化性质，即消灭雇佣劳动本身"[1]。劳动的雇佣形式是资本存在和发展的前提和基础，改变雇佣劳动的性质，相当于挖掉了资本存在的基石，也相当于取消了资本人格化的存在——资本家存在的物质基础。消灭资本本身，也就是消灭资本家本身。因此，在关系到资产阶级自身生死存亡的无产阶级革命中，资产阶级不可能也不甘心用和平的方式退出完全属于他们的历史舞台。

因此，无产阶级虽然从来不反对运用和平的方式取得政权，但常常却只能采用暴力的方式助推新社会的面世，一如马克思所言："暴力是每一个孕育着新社会的旧社会的助产婆。"[2]暴力革命是无产阶级取得胜利的一般规律。

（三）劳动解放的社会载体

自由人联合体是"劳动解放"的社会载体。马克思、恩格斯在《共产党宣言》中提出未来社会的发展目标——自由人联合体。自由人联合体是资本主义私有制的扬弃物或否定物，是在资本主义大机器生产中发展起来的、与高度发达的社会化生产力相适应的社会新形式。因此，代替资本主义社会的自由人联合体必然是一个劳动主体共同生产、共同占有生产条件和劳动产品，并以自

---

[1] [德]卡·马克思, 弗·恩格斯. 德意志意识形态[M]//中共中央马克思恩格斯列宁斯大林著作编译局编译. 马克思恩格斯文集（第1卷）. 北京：人民出版社，2009：543.
[2] [德]卡·马克思. 资本论（第1卷）[M]. 中共中央马克思恩格斯列宁斯大林著作编译局编译. 北京：人民出版社，2004：861.

由劳动这种生命存在的本真作为活动方式的社会共同体。在这个意义上，我们可以说，劳动解放的社会载体就是建立自由人联合体。

1. 自由人联合体的物质生产方式

计划生产是自由人联合体的物质生产方式。社会共同体由劳动主体组成，既是劳动主体生产和生活的前提条件和外在环境，也是劳动主体社会生产的结果。由一定阶段的生产力发展状况以及与之相适应的一定形式的生产资料所有制关系组成的共同体[1]，实质上就是指劳动主体在生产的基础上形成的、以人与自然关系为内容、以人与人之间关系为形式的统一体——生产方式。

自由人联合体的生产是私人劳动和社会劳动直接同一的、有计划的产品生产。社会生产过程中个人之间的联系是直接的，无须通过交换这一中间环节，避免了资本主义商品生产条件下存在的社会生产和个体消费需求之间以及各个企业生产的有组织性和整个社会生产的盲目性之间的矛盾，生产和消费平衡，经济运行平稳、有序。劳动产品不再以商品的形式存在，产品内在的劳动时间也不再作为衡量劳动产品价值的尺度。对此，马克思在《资本论》中曾经做过详细论述：其一，自由人联合体是一个将诸多个体劳动聚合为一个社会劳动力的联合体，这个联合体的总产品是一个社会产品。其二，联合体的社会产品分为两个部分：一部分用于社会生产，另一部分用于个人消费。其三，用于消费的部分要在个人之间进行分配，分配方式随历史发

---

[1] "共同体以主体与其生产条件有着一定的客观一为前提的，或者说主体的一定的存在以作为生产条件的共同体本身为前提的所有一切形式（它们或多或少是自然形成的，但同时也都是历史过程的结果），必然地是自然和历史发展的结果，只和有限的而且是原则上有限的生产力的发展相适应。"见［德］卡·马克思. 1857—1858年经济学手稿[M]//中共中央马克思恩格斯列宁斯大林著作编译局编译. 马克思恩格斯全集（第30卷）. 北京：人民出版社，1995: 490.——笔者注

展而动。第四，劳动时间在个人生产资料的分配中扮演着重要作用。[1]在这里，劳动时间具有双重功能：一是通过社会的有计划分配，调节着每个人不同的劳动职能。二是劳动时间决定劳动者在共同劳动中占有额度以及占有份额的多少。

在自由人联合体中，交换价值不再是社会生产的目的，社会生产的目的经过否定之否定的辩证扬弃后再次回复到产品的使用价值，不过是在更高层次上的回复，即在社会生产力高度发达的、大机器生产条件下的使用价值生产，生产的高度社会化使社会生产成为总体性生产。劳动产品在自由人联合体有意识、有计划的控制之下，社会成员各取所需，人类社会生产步入计划生产的新时代。

2. 自由人联合体的财产占有方式

联合占有是自由人联合体的财产占有方式。无产阶级革命成功后，受实现占有所采取的方式和所要占有的对象的制约，自由人联合体主要采取联合占有或社会占有的财产占有方式。

受实现占有所采取的方式的影响，通过无产阶级暴力革命实现的自由人联合体对社会财富的占有，只能采取联合占有的方式。联合占有，也就是社

---

[1] "……设想有一个自由人联合体，他们用公共的生产资料进行劳动，并且自觉地把他们许多个人劳动力当作一个社会劳动力来使用……这个联合体的总产品是一个社会产品。这个产品的一部分重新用作生产资料。这一部分依旧是社会的。而另一部分则作为生活资料由联合体成员消费。因此，这一部分要在他们之间进行分配。这种分配的方式会随着社会生产有机体本身的特殊方式和随着生产者的相应的历史发展程度而改变。仅仅为了同商品生产进行对比，我们假定，每个生产者在生活资料中得到的份额是由他的劳动时间决定的。这样，劳动时间就会起双重作用。劳动时间的社会的有计划的分配，调节着各种劳动职能同各种需要的适当的比例。另一方面，劳动时间又是计量生产者在共同劳动中个人所占份额的尺度，因而也是计量生产者在共同产品的个人可消费部分中所占份额的尺度。在那里，人们同他们的劳动和劳动产品的社会关系，无论在生产上还是在分配上，都是简单明了的。"见[德]卡·马克思. 资本论（第1卷）[M]. 中共中央马克思恩格斯列宁斯大林著作编译局编译. 北京：人民出版社，2004：96-97. ——笔者注

五、基于自由劳动的无产阶级解放总前景

会占有。这是由无产阶级革命以及自由人联合体所具有的共产主义性质决定的。共产主义运动与历史上发生过的所有运动不同：一方面，它推翻了以往一切旧社会的经济基础和政治权力机构，并将消除了自发性的、以往所有资金、环境以及社会生产力发展状况等生产的发展前提看作是前人的创造，使其由联合起来的个人——无产阶级支配。"马克思的主要要求——由上升到政治上独占统治地位的无产阶级以社会的名义占有全部生产资料——现在也成了罗曼语各国一切革命工人阶级的要求。"[1]另一方面，无产阶级自身的普遍性质以及为实现对社会财富的联合占有所必需的能力在革命过程中得到充分发展。

受所要占有的对象的制约，联合占有主要采用社会占有或联合占有的形式。现代社会化机器大生产使现代无产者的自主活动转变为总体劳动，生产力总和即是他们共同劳动的总和。因此，在社会化大生产基础上生产的社会财富必须由联合起来的全体劳动主体——全体个人联合占有，共同支配。其中，生产资料由社会直接占有，生活资料和享受资料由个人直接占有，如劳动主体个人使用的生产工具、生活资料等。"……那时，资本主义的占有方式，即产品起初奴役生产者而后奴役占有者的占有方式，就让位于那种以现代生产资料的本性为基础的产品占有方式：一方面由社会直接占有，作为维持和扩大生产的资料，另一方面由个人直接占有，作为生活资料和享受资料。"[2]马克思恩格斯在《德意志意识形态》中也曾指出，按照无产阶级的占有原则，生产工具属于劳动者个体所有，财产属于劳动者全体成员共同所有。

国有化是联合占有或社会占有的主要表现形式。随着联合起来的个人对全部生产力的占有，私有制也就终结了。尤其是土地的国有化，将彻底改变

---

[1] [德]弗·恩格斯.论住宅问题[M]//中共中央马克思恩格斯列宁斯大林著作编译局编译.马克思恩格斯全集(第3卷).北京：人民出版社，2009：241-242.

[2] [德]弗·恩格斯.反杜林论[M]//中共中央马克思恩格斯列宁斯大林著作编译局编译.马克思恩格斯全集(第9卷).北京：人民出版社，2009：296.

劳动和资本的关系，彻底消灭资本主义私有制。在马克思看来，地产是一切财富的原始源泉，也是解决工人问题的根本。"地产，即一切财富的原始源泉，现在成了一个大问题，工人阶级的未来将取决于这个问题的解决。"[1]因此，土地只能是国家的财产；把土地交给联合起来的农业劳动者。土地国有化还可以实现这样的客观影响：第一，劳动和资本关系发生彻底改变。第二，彻底消灭工业和农业活动中的资本主义生产方式。第三，随着资本主义经济基础的消失，资产阶级和无产阶级之间的阶级差别以及资产阶级在资本主义社会中的各种特权也会一同消失。第四，随着阶级差别的消失，原有不公平的分配方式、资本家阶级的不劳而获也将随之消失。靠剥削他人的劳动而生活将成为历史往事。第五，国家的阶级统治职能消失，政治意义上与社会对立的国家和政府国家消亡；农业、工业、矿业等生产部门会通过合理的方式渐次组织起来；生产者对社会劳动进行理性规划。

社会成员联合占有生产资料，既是"19世纪的伟大经济运动所追求的人道目标"[2]，也是无产阶级革命所追求的目标。

3. 自由人联合体的劳动活动方式

自由劳动是自由人联合体的劳动活动方式。个人自由和社会自由是一个问题的两个方面，二者是同步实现的。实现了个人自由和社会自由的社会，就是自由人联合体，也就是人类由必然王国步入了自由王国。在自由王国中，对个人而言，作为其生命体现的劳动表现为自主、自觉的自由劳动。

自由王国实现了对自然必然性和社会必然性的双重扬弃。从自然必然性的方面看，联合起来的生产者能够合理地调节人和自然之间的物质变换，

---

[1] [德]卡·马克思. 论土地国有化[M]//中共中央马克思恩格斯列宁斯大林著作编译局编译. 马克思恩格斯全集(第3卷). 北京: 人民出版社, 2009: 230.
[2] [德]卡·马克思. 论土地国有化[M]//中共中央马克思恩格斯列宁斯大林著作编译局编译. 马克思恩格斯全集(第3卷). 北京: 人民出版社, 2009: 233.

并将其置于自身的控制之下。从社会必然性的方面看，联合起来的生产者已经能够理解劳动主体共同活动形成的社会力量——生产力的活动、方向和作用，也能"使它们越来越服从我们的意志并利用它们来达到我们的目的"[1]。自然盲目性和社会盲目性被扬弃。

在自由王国里，由于人们对自然必然性和社会必然性的把握，社会分工由自然分工走向自觉分工和自愿分工。这时，劳动对个人来说不再是外在的、异己的、强制性力量，而是成为他独特的生命活动的体现。个人的自主性活动和物质生活实现了统一，物质生产劳动表现为自由劳动。马克思这样描述未来社会的自由劳动状态：共产主义社会的个体人人平等，没有特殊活动空间，并且可以按照自己的需要和兴趣任意发展，真可谓海阔凭鱼跃、天高任鸟飞。

自由人联合体的建立，消灭了以私有制和阶级对立为基础的资本主义旧社会的同时，也消灭了阶级差别的社会根源——自然分工。阶级消亡！随着阶级的消失，一个阶压迫另一个阶级的暴力机关——国家，也失去了原有的政治性质。政治意义上的国家消亡！城乡之间的对立也因其对立根源自然分工的消灭而消失！

（四）自由劳动与共产主义社会的内在关联

自由劳动是物质生产劳动和自主劳动的高度统一，是物质生产劳动的未来走向，即物质生产劳动在未来共产主义社会的具体表现形态。如果说每个人的自由而全面的发展是现实的个人在共产主义社会具体存在状态，那么自由人联合体就是共产主义的社会共同体。自由人联合体既是自由而全面发展的个人的集合体，也是每个人自由而全面发展的社会历史前提。每个人自由而全面的

---

[1] ［德］弗·恩格斯. 反杜林论［M］//中共中央马克思恩格斯列宁斯大林著作编译局编译. 马克思恩格斯全集（第9卷）. 北京：人民出版社，2009：296.

发展与自由人的联合体的实现是同步的。自由劳动既是共产主义社会物质生产劳动的具体表现形态，也是自由而全面发展的个人的存在方式。

1. 共产主义社会的具体劳动形态

自由劳动是人类物质生产劳动的未来发展指向，是物质生产劳动在共产主义社会的具体表现形式。自由劳动的实现是一个历史过程。

就人的活动的内在本性而言，"自由的有意识的活动"即自主、自觉、自愿的自由活动是人区别于动物的"类特性"。自由劳动既是生产物质生活资料的活动，即人生存和发展的手段；也是人自身的内在需要，即人生存和发展的目的；是目的和手段的统一。在这个意义上，物质生产劳动和自主、自觉、自愿的自由劳动二者高度统一，合而为一。也可以说，自由劳动是物质生产劳动在共产主义社会的具体表现形式，是人类自身物质生产劳动的未来发展指向。

就人的活动的现实发展而言，每一时代人的物质生产劳动都只能是一种在人与人的社会联系中进行的社会过程，而不可能是一种在人的活动方式与动物的本能活动相区别的比较中进行的纯自然过程。因此，人的物质生产劳动在现实生活中只能依次展开为不同历史条件下的特殊历史形式，如奴隶劳动、徭役劳动、雇佣劳动这样一些劳动的历史形式，等等。在不同社会历史发展阶段，人的物质生产劳动并不是都表现为自主、自觉、自愿的自由活动，也可能只是一种非自主、被迫的强制活动。在这种情况下，物质生产劳动对人而言，沉沦为肉体谋生的工具性手段。"在奴隶劳动、徭役劳动、雇佣劳动这样一些劳动的历史形式下，劳动始终是令人厌恶的事情，始终表现为外在的强制劳动，而与此相反，不劳动却是'自由和幸福'。"[1]自然地形成的劳动分工和私有制就是导致物质生产劳动作为人生存和发展的手段和

---

[1] [德]卡·马克思. 1857—1858年经济学手稿[M]//中共中央马克思恩格斯列宁斯大林著作编译局编译. 马克思恩格斯全集（第30卷）. 北京：人民出版社，1995：615-616.

目的分裂的根本原因。

迄今为止，在人类社会发展的不同阶段上，自然地形成的劳动分工和私有制使社会分裂为不同的等级、阶级等利益集团，这种分裂也必然表现在人的活动上。"分工使精神活动和物质活动、享受和劳动、生产和消费由不同的个人来分担这种情况不仅成为可能，而且成为现实。"[1]特别是在资本生产方式下，少数资本家集团占有全部的生产资料和生活资料，而大多数的无产者因失去劳动的物质条件不得不沦为资本的生产要素——雇佣工人。雇佣工人不是作为人的存在，只是作为资本的要素——"劳动的动物"而存在。雇佣工人迫于肉体生存的生理性需求不得不出卖自己的劳动力，雇佣劳动依附于资本成为资本的劳动能力。雇佣劳动在性质上完全走向了自主、自觉、自愿的自由活动的反面，成为异化劳动的极端表现。随着自由人联合体对社会生产力的联合占有，人们的自主活动和物质生活二者趋于一致，雇佣劳动向自主活动转化。

因此，自由劳动的实现是一个基于人类自身物质生产劳动发展的历史过程，与无产阶级的共产主义运动的同步的。

2. 共产主义社会的根本价值追求

每个人自由而全面的发展是未来共产主义社会的根本价值追求，自由劳动是自由而全面发展的个人的存在方式。换言之，每个人的自由而全面的发展是在自由劳动中实现的，也即人类社会由必然王国进入自由王国，即自由人联合体的新时代。

整体与个体之间的关系问题是所有的政治哲学都要面对的一个基本问题。不同时代的政治哲学给出了不同的回答。古代政治哲学是对传统社会共同体组织形式的理论反映，主张个体必须服从整体，个人的活动必须服从共

---

[1] ［德］卡·马克思，弗·恩格斯. 德意志意识形态［M］//中共中央马克思恩格斯列宁斯大林著作编译局编译. 马克思恩格斯文集（第1卷）. 北京：人民出版社，2009：535.

同体的整体利益；主张整体至上的整体主义原则，过分夸大了整体的利益，抹杀了个体的自主和自由。近代自由主义政治哲学强调个人至上，社会整体被看作是个人实现利益的工具；推崇原子式的个人主义原则，过分夸大了私人利益，带来的结果就是个人主义和利己主义的道德困境。马克思主义的政治哲学面临的问题就是如何在个体主体性已经充分发展的现代条件下，协调个体与整体之间的关系。

马克思、恩格斯从社会物质生产和再生产出发，用"现实的个人"取代的黑格尔的"自我意识"，用"自由人的联合体""人类社会"或"社会化的人类"取代了黑格尔的"普遍性的国家"，要求在承认、保存和容纳个人主体性这一重大人文主义成果的前提下，寻求一种新的社会化政治模式，保证个体的自由与人类真实共同体的社会自由二者互动推进。

自由人联合体是真正的共同体。在人和自然的关系方面，它建立在生产力极大发展、物质条件极大丰富的基础上，在科学高度发达的基础上实现了人与自然的和谐。在人和人的关系方面，这种共同体消灭了自发性的劳动分工和私有制，不再具有阶级的性质，国家的统治职能消失。自由人联合体是自由个体自由联合的产物。在这种联合体中，个体的人获得了自由而全面的发展，"只有在共同体中，个人才能获得全面发展其才能的手段，也就是说，只有在共同体中才可能有个人自由……在真正的共同体的条件下，各个人在自己的联合中并通过这种联合获得自己的自由"[1]。在自由人联合体中，个体和整体实现了两者真正的统一。个体的人成为自由而全面发展的人，人类社会步入自由劳动的新时代！

马克思、恩格斯在《共产党宣言》中指出：代替那存在着阶级和阶级对立的资产阶级旧社会的，将是这样一个联合体，在那里，每个人的自由发展是一切人的自由发展的条件。在高度发达的物质生产劳动的基础上实现的共产主义，走出了以人文主义道德悬设为基础的空想社会主义，成为科学。

---

[1] [德]卡·马克思, 弗·恩格斯. 德意志意识形态[M]//中共中央马克思恩格斯列宁斯大林著作编译局编译. 马克思恩格斯文集(第1卷). 北京: 人民出版社, 2009: 571.

六、结　语

与论题相关但文中尚未突出说明的问题，本部分给予必要的说明，用以结束全文。其一，物质生产劳动、雇佣劳动和自由劳动三者之间的关系问题；其二，物质生产劳动与马克思主义哲学、雇佣劳动与马克思主义政治经济学以及自由劳动和科学社会主义之间的内在有机关联问题。这样，透过物质生产劳动、雇佣劳动和自由劳动三者之间的内在有机联系，我们就可以把马克思主义理论体系的三个组成部分实现为一个理论整体。

其一，物质生产劳动、雇佣劳动和自由劳动三者之间的关系问题。

劳动发展史是理解人类发展史的钥匙。物质生产劳动是人类社会存在和发展的基础。在《经济学手稿（1857—1858）》中，马克思把人与自然以及人与人之间的关系具体分为三个历史阶段：人对人的依赖、人对物的依赖以及人自由全面发展的阶段。据此，人类社会经济形态依次经历自然经济、商品经济和产品经济三种形式，与此相适应，人类社会依次经历前资本主义、资本主义和共产主义三种社会形态。与三种社会经济形态相适应，并作为三种社会形态存在和发展基础的物质生产劳动，依次经过以奴隶劳动和徭役劳动为代表的被动劳动、雇佣劳动以及自由劳动三个历史阶段，呈历时态发展。

具体地说，物质生产劳动是唯物史观建立的基础，是从哲学的或一般的层面谈及的人类劳动的一般形态。雇佣劳动是物质生产劳动在资本主义社会，即具有资本性质的商品经济形态下的具体存在形式，是设定资本即生产资本的劳动。自由劳动是未来共产主义的物质生产劳动的具体形态。具体地说，唯物史观就是从物质生产和再生产的角度出发，揭示人类社会历史发展的本质和规律。在这个意义上，恩格斯说劳动发展史是理解社会发展史的钥匙。人类社会发展到资本主义社会这一发展阶段上，人类的物质生产劳动具体表现为雇佣劳动。资本主义社会是商品经济形态发展的成熟阶段，或者说资本主义社会是高度发达的商品经济形态。在具有资本性质的商品经济形态下，劳动者因失去一切劳动条件，变成了一无所有的、抽象的劳动能力。在基本的生存需要的强制下，一无所有的劳动者不得不出卖其唯一的所有物——劳动力，劳动力成为商品。劳动成为雇佣劳动。货币转化为资本。因此，雇佣劳动是物质生产劳动在具有资本性质的商品经济形态下的具体存在形式，是设定资本、增殖资本、生产资本的劳动。自由劳动是未来共产主义社会的物质生产劳动的具体形态，是未来共产主义社会成员——自由而全面发展的个人的存在方式。在前资本主义和资本主义社会形态中，由于劳动者处于自然关系和社会关系的统治之下，劳动活动的被动性和强制性特点较为突出，劳动主体在劳动活动中自主、自觉、自愿等主动性、自由性特点不明显，仅仅成为劳动活动本身应然性价值诉求。在未来共产主义社会中，物质生产劳动既是满足人类自身吃、喝、住、穿等生理性需要的物质资料的生产过程，也是劳动主体施展自身兴趣、发展自身个性、展示自身价值的自我实现的过程。物质生产劳动不再是外在的、被迫强制的痛苦和麻烦，而是成为劳动主体全面、充分发展自己个性的自愿选择，成为劳动主体的内在需要。

其二，物质生产劳动与马克思主义哲学、雇佣劳动与马克思主义政治经济学以及自由劳动和科学社会主义之间的内在有机关联问题。

马克思、恩格斯在批判地吸取费尔巴哈感性对象性和黑格尔概念能动性的基础上，创造性地提出"感性的人的活动""对象性的活动"，即"实践"概念。感性的人的对象性活动就是物质生产劳动。通过对象性的物质生产活动，人和自然、人和人以及人和自身之间形成复合性的"自然—社会—思维"关系系统。人和自然之间的关系不再是原发的自然性关系，而是衍化为以物质生产劳动为中介的历史性、社会性的自然关系。我们周围的自然便

六、结　语

不再是既成的自在自然，而是体现了人的物质生产劳动目的性的人化自然。人与人之间的社会关系也不再是与自然无关的单纯历史事件，而是在改变自然物质生活条件的客观物质生产劳动活动中，找到了社会历史发展演变的钥匙。历史的自然和自然的历史共同组成人类历史。同时，在物质生产劳动的基础上，人与自然以及人与人之间的关系在人头脑中的反响，形成人的精神世界。以对象性的物质生产劳动为基础和中介，把人与自然之间的关系纳入社会历史领域，同时形成的唯物辩证的自然观和唯物辩证的历史观的有机统一整体，就是马克思、恩格斯的哲学新世界观——马克思主义哲学（广义上的唯物主义历史观）。因此，历史唯物主义的形成是一种基于对象性活动本质的物质生产劳动的人与自然、人与人以及人与自身之间关系的"格式塔"式的整体转换，而不是简单地把自然领域中的一般唯物主义思想推广或延伸到社会历史领域。

马克思从雇佣劳动出发阐明资本剥削雇佣劳动的本质和机制，奠定了剩余价值理论的基础。"要阐明资本的概念，就必须不是从劳动出发，而是从价值出发，并且从已经在流通中发展起来的交换价值出发。从劳动直接过渡到资本是不可能的，正像不可能从不同的人种直接过渡到银行家，或者从自然直接过渡到蒸汽机一样。"[1]在商品经济形态下，劳动产品表现为商品，劳动表现为价值。因此，在发达的商品经济即资本主义社会形态下，阐明资本的本质只能从劳动在资本主义商品经济这一特定社会历史发展阶段上的表现——价值出发，而不能从劳动的一般形态或自然形态出发。特别应该从价值形式在发达的资本主义商品经济这一特定社会历史发展阶段上的表现——在流通中发展起来的交换价值——货币形式出发，而不是从简单商品经济下的简单的或偶然的价值形式或其他形式出发。只有在商品经济形态下物质生产劳动的交换价值形式——雇佣劳动上，我们才能够理解资本主义生产关系的本质，得出资本无偿占有雇佣工人剩余劳动即剩余价值的结论。剩余价值

---

[1]　[德]卡·马克思. 1857—1858年经济学手稿[M]//中共中央马克思恩格斯列宁斯大林著作编译局编译. 马克思恩格斯全集（第30卷）. 北京：人民出版社，1995：215.

是资本主义生产关系的必然结果,即资本剥削雇佣劳动关系的必然结果。剩余价值的生产和占有是资本主义生产的主要目的,决定着资本主义社会生产过程的生产、分配、交换和消费等各个环节,是资本生产方式的基础。

马克思正是论证了商品、货币和资本之间必然存在着的内在联系这个资产阶级经济学家从未想到的问题,才能揭开商品拜物教、货币拜物教乃至资本拜物教等经济拜物教的秘密,从而揭示了资本本质之谜——作为能够带来剩余价值的价值。马克思从资本主义社会生产和再生产出发,揭示了资本主义生产关系的本质以及发生、发展规律,得出了在资本主义制度范围内,工人阶级不可能从资本主义雇佣劳动制度下解放出来的结论,创立了马克思主义政治经济学。

共产主义是科学社会主义的目标,是人类解放实现的社会形态,即自由人联合体;每个自由而全面发展的个人是共产主义的社会成员。自由是自由人联合体的核心价值,这一价值通过每个自由而全面发展的个人的自由劳动体现出来。自由劳动是社会物质生产劳动和个体作为劳动主体自主活动的高度统一。自由劳动是在以科学的、高度发达的社会化大生产力的基础上实现的。在这个意义上,我们可以说,自由劳动时代的到来,就是共产主义的实现!

主要参考文献

著作类

[1] [英]亚当·斯密. 国民财富的性质和原因的研究[M]. 北京: 商务印书馆, 2014.

[2] [英]大卫·李嘉图. 政治经济学及赋税原理[M]. 北京: 商务印书馆, 1972.

[3] [英]欧文. 欧文选集(第2卷)[M]. 北京: 商务印书馆, 1981.

[4] [法]圣西门. 圣西门选集(第1卷)[M]. 北京: 商务印书馆, 1979.

[5] [法]傅立叶. 傅立叶选集(第1卷)[M]. 北京: 商务印书馆, 1979.

[6] [德]黑格尔. 法哲学原理[M]. 北京: 商务印书馆, 1961.

[7] [德]黑格尔. 小逻辑[M]. 北京: 商务印书馆, 1980.

[8] [德]黑格尔. 自然哲学[M]. 北京: 商务印书馆, 1980.

[9] [德]黑格尔. 精神现象学(上卷)[M]. 北京: 商务印书馆, 1979.

[10] [德]路德维希·费尔巴哈. 费尔巴哈哲学著作选集[M]. 北京: 商务印书馆, 1984.

[11] [匈]卢卡奇. 历史与阶级意识[M]. 杜章智, 仁立, 燕宏远, 译. 北京: 商务印书馆, 1999.

[12] [美]埃里克·欧林·赖特. 阶级[M]. 刘磊, 吕梁山, 译. 北京: 高等教育出版社, 2006.

[13] [英]G·A·科恩. 卡尔·马克思的历史理论——一种辩护[M]. 段中桥, 译. 北京: 高等教育出版社, 2008.

[14] [美]伯尔特·奥尔曼. 辩证法的舞蹈——马克思方法的步骤[M]. 田世锭,

177

何霜梅,译.北京:高等教育出版社,2006.

[15] [美]埃里克·欧林·赖特主编.阶级分析方法[M].马磊,吴菲等,译.上海:复旦大学出版社2011.

[16] [澳]伊安·亨特.分析的和辩证的马克思主义[M].徐长福,刘宇等,译.重庆:重庆出版社,2010.

[17] [美]乔恩·埃尔斯特.理解马克思[M].何怀远等,译.北京:中国人民大学出版社,2010.

[18] [意]奈格里.《大纲》:超越马克思的马克思[M].张梧,孟丹,王巍,译.北京:高等教育出版社,2006.

[19] [法]路易·阿尔都塞,艾蒂安·巴里巴尔.读《资本论》[M].李其庆,冯文光,译.北京:中央编译出版社,2001.

[20] [法]路易·阿尔都塞.保卫马克思[M].顾良,译.北京:商务印书馆,2010.

[21] [德]费彻尔.马克思与马克思主义:从经济学批判到世界观[M].赵玉兰,译.北京:北京师范大学出版社,2009.

[22] [美] 冯·贝塔朗菲.一般系统论基础发展和应用[M].林康义,魏宏森,译.北京:清华大学出版社,1987.

[23] [日]内田弘.新版《政治经济学批判大纲》的研究[M].王青等,译.北京:北京师范大学出版社,2011.

[24] [日]广松涉.资本论的哲学[M].邓习议,译.南京:南京大学出版社,2013.

[25] 陈先达.走向历史深处——马克思历史观研究[M].北京:中国人民大学出版社,2010.

[26] 孙伯鍨.探索者道路的探索——青年马克思恩格斯哲学思想研究就[M].南京:南京大学出版社,2002.

[27] 顾海良.马克思主义发展史[M].北京:中国人民大学出版社,2009.

[28] 张一兵.马克思历史辩证法的主体向度[M].开封:河南人民出版社,1995.

[29] 张一兵.马克思哲学的原像[M].北京:人民出版社,2009.

[30] 俞吾金.实践与自由[M].武汉:武汉大学出版社,2010.

[31] 景天魁. 打开社会奥秘的钥匙——历史唯物主义逻辑结构初探[M]. 太原: 山西人民出版, 1981.

[32] 孙承叔. 资本与历史唯物主义——《资本论》及其手稿当代解读[M]. 上海: 复旦大学出版社, 2013.

[33] 聂锦芳. 批判与建构:《德意志意识形态》文本学研究[M]. 北京: 人民出版社, 2012.

[34] 韩立新. 新版《德意志意识形态》研究[M]. 北京: 中国人民大学出版社, 2008.

[35] 聂锦芳. 马克思的新哲学——原型与流变[M]. 北京: 中国社会科学出版社, 2013.

[36] 杨耕. "危机"中的重建——历史唯物主义的当代阐释[M]. 北京: 中国人民大学出版社, 1995.

[37] 刘佑成. 社会分工论[M]. 杭州: 浙江人民出版社, 1985.

[38] 林齐泉. 分工的起源和发展[M]. 厦门: 厦门大学出版社, 1988.

[39] 刘伟. 马克思的自由理论[M]. 北京: 中国社会科学出版社, 2012.

[40] 郝振省. 分工论——一个历史和现实的哲学命题[M]. 哈尔滨: 黑龙江教育出版社, 1998.

[41] 逄锦聚. 马克思主义整体性研究[M]. 北京: 经济出版社, 2012.

[42] 房广顺. 马克思主义整体性研究[M]. 北京: 中国社会科学出版社, 2012.

论文类

[1] 张云飞. 马克思总体性方法及其学科建设意义[J]. 教学与研究, 2008(07).

[2] 张云飞. 理论和实践的统一: 马克思主义整体性的内在机理和科学要求[J]. 思想理论教育导刊, 2008(05).

[3] 张雷声. 从整体性角度推进马克思主义大众化[J]. 学术界, 2010(06).

[4] 张雷声. 马克思主义理论整体性的研究视角[J]. 思想理论教育导刊, 2010(05).

[5] 陈先达. 论马克思主义基本原理及其当代价值[J]. 马克思主义研究, 2009(03).

[6] 韩庆祥, 邱耕田, 王虎学. 论马克思主义的整体性[J]. 哲学研究, 2012(08), (09).

[7] 孙正聿. 关于马克思主义创新的思考[N]. 光明日报, 2009-05-19.

[8] 顾钰民. 关于马克思主义理论整体性研究的思考[J]. 思想理论教育导刊, 2008(02).

[9] 何怀远. 马克思主义理论整体性的历史发生学解读[J]. 哲学研究, 2006(06).

[10] 王南湜. 从实践意图看马克思主义理论的整体性[J]. 南开学报, 2008(04).

[11] 江德兴, 张国顺. 实践范畴与马克思主义的总体逻辑[J]. 思想理论教育导刊, 2008(02).

[12] 牛先锋. 马克思主义整体性的逻辑生成和逻辑体系[J]. 中共中央党校学报, 2011(12).

[13] 王贵明. 马克思主义整体性的几个基本问题[J]. 探索, 2001(03).

[14] 郑丽娟. 马克思主义理论整体性的逻辑路向与运演[J]. 内蒙古社会科学, 2012(07).

致　　谢

长达4年之久的论文写作初步告一段落。

论文写作拖了这么长时间，一方面是自己拖沓了，另一方面也是论文本身超出了自己的驾驭能力，一直不能上下贯通，导致写作过程总是写写停停，进展缓慢。从开题到成文，论文写作到现在，论文做得怎样尚且不论，我自觉颇有收获！感谢老师的教诲和宽容！

从2011年进入人大马院跟随张云飞老师求学以来，至今已有7年。7年来，让老师费心、忧心，学生深感不安！对于老师，学生一直心怀感激，也常以老师鞭策、自勉！谢谢老师！

此生能与老师相遇，是学生的荣幸！

即将进入天命之年的我，能够带着一份执念再次徜徉于校园，遨游于书海，感谢家人对我的任性给予的宽容、理解和支持。你们用自己的双手和臂膀托起了本属于我的责任，用无私的爱成全了我的执着！

感谢我亲爱的家人们，此生与你们相逢，是我的幸福！

感谢同门的师兄师姐师弟师妹们给予我的无私帮助！此生与你们相遇，是我的缘分！

论文搁笔，与我而言，也是一件幸事！那种看书看到头痛却不得不看的日子，往后会少些；那种从心底生发出的不愿坐在电脑前的疏离感、不愿靠近凳子的恐惧感，往后也会少些。但我相信，在一千多个日日夜夜相伴、纠缠的日子里，我与马克思主义理论结下了今生难解的缘分，这篇论文是我们相识的见证，也是我们相知的开始！

感谢中国人民大学马克思主义学院和内蒙古科技大学马克思主义学院给予我这次难能可贵的学习机会！感谢人大马院各位老师的教诲和启迪，感谢内科大马院各位同仁的体贴和帮助！谢谢大家！

2018年5月于包头